西方哲学大师经典精粹

【法】让·雅克·卢梭 著

星汉 译

卢梭的启蒙哲学

Jean-Jacques Rousseau

孤独，是与生俱来的幸福

吉林出版集团股份有限公司

图书在版编目（CIP）数据

卢梭：孤独，是与生俱来的幸福 /（法）让·雅克·卢梭著；星汉译．— 长春：吉林出版集团股份有限公司，2018.3

ISBN 978-7-5581-4638-1

Ⅰ．①卢… Ⅱ．①让… ②星… Ⅲ．①卢梭（Rousseau, Jean Jacques 1712-1778）—哲学思想 Ⅳ．①B565.26

中国版本图书馆 CIP 数据核字（2018）第 008549 号

卢梭：孤独，是与生俱来的幸福

著　　者　［法］让·雅克·卢梭
译　　者　星　汉
责任编辑　齐　琳　史俊南
封面设计　颜　森
开　　本　710mm×1000mm　1/16
字　　数　100 千字
印　　张　14
版　　次　2018 年 8 月第 1 版
印　　次　2022 年 10 月第 2 次印刷

出　　版　吉林出版集团股份有限公司
电　　话　总编办：010-63109269
　　　　　发行部：010-69584388
印　　刷　三河市悦鑫印务有限公司

ISBN 978-7-5581-4638-1　　　　定价：39.80 元
如出现印装质量问题，调换联系电话：010-59625116
版权所有　侵权必究

人生而自由，却无往不在枷锁中。

——卢梭

前言

在这喧嚣迷乱、众神狂欢的年代，当所有的文字都在宣扬激情、虚构空洞虚伪的乌托邦时，当我们为了名利而不惜牺牲健康、与家人的欢聚时，静下心来，读一读清凉冷静、孤独而偏见的卢梭，思考一下我们忙碌的意义，或许也是一个不错的选择。

卢梭是法国18世纪伟大的启蒙思想家、哲学家、教育家，启蒙运动最卓越的代表人物之一。主要著作有《论人类不平等的起源和基础》《社会契约论》《爱弥儿》《忏悔录》等。

在卢梭看来，人身份的不平等是所有不平等的根源，而所有不平等最终都可归结为财富不平等。因为财富是幸福的最直接助力，也最容易转移，它很容易就被人们用来购买其他一切东西。但是这一切不能依靠暴力革命去消除，一个理想的社会建立于人与人之间而非人与政府之间的契约关系。

《社会契约论》开头写道“人为自由而生，却无处不在枷锁中”，而且第一次提出了“天赋人权和主权在民的思想”。书中认为自然状态是没有法律和道德的兽性状态，好人是因为社会的出现才有的。在自然状态下，常有个人能力无法应付的境况，必须通过与其他人的联合才能生存，因而大家都愿意联合起来。

在教育上，他主张顺应儿童的本性，让他们的身心自由发展。其作品《爱弥儿》与《理想国》《民主主义与教育》一起被誉为西方教育思想史上三座里程碑式的作品。卢梭被歌德称为教育的自然福音；席勒则称其为新的苏格拉底，是耶稣拟造的人。有的人甚至认为，只要柏拉图的《理想国》和卢梭的《爱弥儿》留存在世，纵使其他教育著书统统被毁，教育园地也依然是馥郁芬芳的。

要了解卢梭，就必须读《爱弥儿》，该书主张自然教育，就是要服从自然的永恒法则，听任人身心自由的发展，其手段就是生活和实践，即主张采用实物教学和直观教学的方法，让孩子从生活和实践的切身体验中，通过感官的感受去获得他所需要的知识。与自然教育密切相关的，书中还主张对儿童进行劳动教育和自由、平等、博爱的教育，使之学会谋生的手段，及早地养成支配自己的自由和体力的能力，保持自然的习惯。

卢梭教育的终极目的并不是想把所有的孩子都教育成伟人，而是让每个孩子都具备承受痛苦的能力，最终能获得他想要的幸福生活。

阅读卢梭，不仅能使我们可以承受人生的痛苦与挫折，让我们不至于失去生活下去的信心和勇气，还能使我们得以快乐、平安、幸福地度过人生的每一个阶段，如此足矣。让我们不要为了未来不确定的目的而牺牲眼前的幸福，为当下的幸福而生活吧。

目　录

社会契约论

论人类不平等的起源和基础

论教育——爱弥儿

社会契约论

人为自由而生，却无处不在枷锁之中。很多以主人自居的人实际上是更大的奴隶。为什么？我没有答案，但我却知道它为什么合法。

如果只从强权及其影响的角度考虑，那么人民是被迫服从。其实服从也好，可如果能挣脱那束缚，则更好；当初凭借夺取人们自由的权利来让人民重得自由，所以人民恢复自由合法，否则当初对他们自由的剥夺就不合法。

但社会秩序是个神圣的权力，其他一切权力均以此权力为基础。但这权力并非源于自然，而必须有契约的依凭。

权力不在强力中产生

除非最强者可以将“权力”变为“权利”，将服从变为义务，否则他再强大也不可能永远称王。因此，“强者权”一词虽然面上含讽，但却是一种既定的根本原则。

强力就是实力，它没有任何道德效果。人们并非出于自愿而服从强力，也非出于意志，顶多不过是委曲求全罢了。那人们凭什么将服从强者权当成义务？

就算我们假设的确有所谓的强者权，但这样做的结果毫无意义。因为如果强力可以生权力，由于结果随着原因而变，所以一旦更大的强力产生，那么它又可以夺取权力了。人们一旦有机会可以做到不受损伤地抗拒强力，那么不服从的行为即有了合法性。既然最强者永远有权力，那么我们只要将成为最强者定为我们的目标便可。可是，随着强力消失而失去的权力又是什么？如果我们的服从仅仅以强力为依据，那么我们便不会以义务作为服从的依托。如果服从不再是一种强迫而来的行为，那么服从的义务也就不在，所以“权力”一词在此毫无意义。

如果说服从权力意味着向强力屈服，那么即使这个教训很好，但却也多余。我可以肯定这话是正确的。上帝给了我们一切权力，同时也给了我们一切疾病，所以我们就不能请医生？如果我被打劫，除了不得已一定要交出的情况，就算我能够将财物隐藏得很好，我也必须在良心的指引下交出钱财？抢劫者手里的武器不也是权力？

承认吧，权力不会在强力中产生。我们必须服从的只是合法的权力。

改变生存方式的唯一方法

我确信，自然状态下的人所受到的生存阻力，要远远大于维持生存而做的努力，因此这种原始的状况必须得到改变，人类必须要改变生存方式，否则一定灭亡。

话虽如此，但人们无法创造新的力量，只能将原有的力量进行结合与引导。因此，他们改变生存方式的唯一方法是，结成与阻力抗衡的力量，在一个唯一原动力的推动下协调一致地行动。

这是一种需要集体合力才可实现的众力结合，但是，每个人的力量和自由都是他唯一的求生工具，我们如何要求他人将这种力量贡献出来而不妨碍其自身呢？即要找到一种可以保护每个社会成员生命财产的结合形式，使得每个社会成员在与社会结合的同时，仍可以只服从自己并与以前一样自由。社会契约所要解决的根本问题即在于此。

订立社会契约的行为性质决定了契约中的条款，只要被稍加修改，便足以使契约失效。那些条款虽然从未公示，但却得到了所有人的默许与承认。一旦它们被破坏，每个社会成员因抛弃天然自由而得到的社会契约上的自由，则将消失，而成员们也就回归其原有的权利和天然的自由之中。

那些条款可被正确地归纳为：每个社会成员及其权利都被完全地让予整个社会。每个人权利的完全出让，决定了大家处于同一条件下，因此也就没有人可以定出损人利己的条件；同时，这种权利的让予毫无保留，以尽量完善的形式进行结合，故而没有人会再提出要求。如果个人仍然保留某种权利的话，那么由于没有共同长者为其判断他与公众的关系，而使得某些事情仍然得由个人自行判断。很快，一切都得由个人判断，结果自然状态仍在，而众力结合则变成专制或失去效力。

总之，每个人对公共让出自己，就不再属于某个个人。这样一来，他便可以从每个社会成员身上得到与他所让出的权利相当的权利，因此他所获得的一切即是所丧失的一切，并且还能获得更多的力量为所得提供保护。

因此，如果我们化繁为简的话，那么社会契约可以简述如下：“公共拥有每个个人与其一切权利，公共意志是最高指挥。每个社会成员都是整体不可分割的部分。”

所有有发言权的参与者在这种订约行为下结合成一

种具有统一性、共同性，及其生命和意志的精神集体。它在古代被称为城市国家，在现代被称为共和国或政治社会。根据情境不同，共和国或政治社会又有不同的称号：从其被动方面称之为“国家”；从其主动方面称之为“主权”；和类似的团体比较时，又称之为“强”。这些结合起来的社会成员即是“人民”，单个个人就是主权者，称为“公民”，作为国家法律的服从者，称为“国民”或“臣民”。但这些名词常相混杂、误用。不过只要在加以应用时，知道怎样区别它们便够了。

公共意志必须人人遵守

由此可知，公共和个人关系的互动是社会结合行为的一部分。社会契约中的每个成员均有双重身份：个体角度上的主权体与主权体角度上的国家成员。这些契约份子可以说是和他自己订约，但我们不能将那条民法准则——何人不受自己和自己所订规约的约束——应用于此，因为受自己的约束与受自己为其一部分的全体的约束之间存在巨大差别。

我们需要注意：虽然公共做出决定时对个人双重身份的考虑，是所有成员受主权体约束的条件，但其反面理由却不成立，即主权体不受其自身约束。因此，使主权利受制于一种法律是对政治社会本质的违背，因为主权体的身份仅有一种，所以这种情形等同于个人与自己订约的情形。由此可见，人民集体没有，也不能有法律可约束，就算社会契约也不行。但在不违反社会契约的条件下，主权体仍然可以同其他团体订立契约，因为它在对外关系层面上是个体。但是，这种在神圣社会契约下产生的政治社会或主权体，在任何情况下都不能做出对原约有损的行为，例如，出让主权或屈服于别的主权体。因为一旦作为它存在基础的条款被破坏，也就意味着它自身的毁灭，如此便不能再有生产。

在这种团体成立之后，其成员的损失必然引起集体损失，如此必然引起集体中个人的不满。社会契约的双方在利益与义务的约束下实现互助，所有利益必然在这两重关系下得以结合。

由于构成主权体的是纯粹的个人，因此没有什么能够侵犯他们的利益。因为团体不愿损害其全体成员，亦不会损害任何个别的人，所以主权体无须对人民做出任何保证。主权体始终都应如此，就因为他是主权体。但是，国民对主权体的关系则不同。虽然公共利益相同，但只有在主权体有能力确保国民尽忠的前提下，国民才会履行契约。

事实上，每个身为人的个人，都具有与公共意志（他以公民的资格具有的公共意志）相反或相异的独特意志。他的个人利害与公共利害完全不同。个人绝对的、自然独立的存在也许会使他把本属于公共义务的事情视为善举，认为就算烦恼因为没有履行义务而产生，那也不及做这件事情带来的烦恼多。并且，现成国家的道德人格并非真的个人，因此他会认为共同体是幻想的产物，于是他便只愿意享受公民的权利，而不尽公民的义务。政治共同体将因这种状态的长期存在而毁灭。

所以，社会契约有一条隐含条款以避免自身成为空泛的仪式，即全体有权迫使任何不遵守公共意志的人遵守它。其他条款因这一条款而生效。这一条款将每个国民同国家相连，保证它不必依靠任何个人，因此它使人自由，使政治机构运作，使政治行为公正合法，如果没有它，政治行为则将流为荒谬专制，易陷于不堪的腐败。

个人的正当财产权

社会成立之初，每个社会成员都将自己，连同包括所有财产在内的一切交给了社会。这虽然使财产的所有者发生了改变，但却没有改变所有的性质，没有改变主权体的财产。但是国家权力是个人权力所无法比拟的，因此公众所有权相对较为稳固，但公众所有权却未因此而显得较为合法，至少在主权体之外的人眼中是如此。因为在一国之内，根据社会契约（国家一切权力的基础）国家拥有国民一切财产，但在别国人眼中，国家占有国民财产是因为先占权。先占权是国家从国民处取得，虽然与强者权相较它更为实在，但在它成为真实权力之前，财产权必须先成立。本来，每个人都有权获得他所需要的一切，但他既然已经对某物拥有所有权，那他就不能再拥有其他一切物，在他分得一份物后，就不再对未分的公共财产拥有权利。所以，自然状态下的先占权极不稳固，而国家中的先占权却得到每个人的尊重。在这种情况下，与其说我们在尊重他人之物，不如说我们尊重的是不属于自己的物。

一般来说，土地先占权的确立应具备三个条件：一，此地无人居住；二，个人占据的土地面积不能超过其生存必需；三，劳力是所有权标记，因此在形式占有外，必须要经营已占据的土地，届时，即使没有法律名义，所有权也受人尊重。“必需”与“劳力”的存在，是否意味着个人可以对土地进行无限扩张？是否表明该权利不受限制？是否表示只要在公共土地上有了我的足迹，我便拥有对该地的所有权？是否说明在力量强大时可以驱逐他人，同时也可以剥夺他人重回此地的权利？如果不用霸占方式，个人或民族又怎能对一大片土地享有所有权而禁止他分享（自然给他们共享的居住和维持生存的权利都被剥夺了）？当太平洋发现者踏上海岸，以西班牙卡斯提尔国王的名义占领太平洋与南美洲时，是不是有权驱逐当地原住民，并禁止他国占用此地？如果可以，那么我们的占有大可不必经过这样那样的仪式，只要一国天主教的国王在密室里宣告一声他享有全世界，然后再将已是自己领地的土地划归到自己的版图中即可。

原本互相连接的个人土地在国家成立后成为公共土地，国家主权亦由人民延伸及人民的土地，于是，主权成为对人与物的主权。因此，地主的所有力量转化为忠诚的保证，他的自主也不再如前。古代专制君主似乎没有意识到这种好处，他们将自己视为人之王，如波斯人的王、昔西人的王或马其顿人的王，而不是国土的统治者。现代专制君主比较聪明，他们称自己为国家的王，法国的王、西班牙的王或英格兰的王。在他们看来，拥有土地，就自然拥有居民。此种转变的特点是：对个人产业来说国家仅是接受而非剥夺。国家保证个人合法拥有财产，使占据变为真正的权利，使享用变为所有。于是，所有者成了公共财产的保管者，全体国民都尊重他们的权利，国家亦维持他们的权利不受外国侵犯。他们通过让渡——一种有利于公共更有利于自己的让渡获得他们已放弃的一切。这一推论似是而非，但当我们能够区分主权体与业主对同一地产的权利时，便会对此有清晰的认识。

也许，人们在拥有土地以前就已经结为团体，然后才占领一块可供所有人之需的土地，接着分享，或平均分派，或按主权体的规定而分派。无论人们以何种方式获得地产，社会对团体地产的权利应高于个人对地产的权利，否则，社会连接便会松动，主权运用亦将变得无力。

最后我想指出，根本的社会契约不会毁灭自然平等。自然造成了人类在体智上的不平等，当它被道德与法律的平等取代时，人类虽在体智上不平等，但却因契约法约定的权利，而得以实现人人平等。

主权不可转让

从上文的讨论中我们可以得出一个重要的推论：能够引导国家的，只有以组织国家为目的（即以追求公共幸福为目的）的公共意志。人类的利害冲突是建立社会的原因，人类的利益一致是建立社会的条件，不同利益关系中的共同因素是社会团结的基础。任何社会的治理都应完全根据共同利害进行，如果缺乏共同点，则无法成立社会。

主权仅是公共意志的运用，所以它永不可转让；主权体是集体，不能成为个人代表；权力可以转让，但意志不可。

事实上，即使个体意志与公共意志拥有结合点，也无法结合。因为个体意志自然会有偏颇，而公共意志则趋向公平，所以两者不可能长久结合，就算结合，也只是偶然。

主权体可以在某一时刻与个体拥有同样的意志，但却不能说个体将来的意志就是主权体将来的意志。因为让自己被将来的意志所束缚是十分荒谬的，并且，所有意志都不会支持与己不利的事物。

如果国家只允许人民屈从，那么人民则会失去其为人民的特质而解体；主人与主权体不可共存，有了主权，政治社会便消失。尽管如此，统治者的命令仍可以成为公共意志，但前提是，主权体有权选择是否遵从，因为此时，普遍的缄默即是人民的默许。

主权不可分割

主权不可分割，理由与其不可转让一样。因为意志或是公共的，或不是；或是人民的，或只属于部分人。公共或人民的意志是主权行为，可形成法律，此外的意志只是个体意志，或是某官员的行为，顶多只能形成法令。

但公法学者在区分主权时不依据原则，而根据目的。他们把主权分为强力和意志；分为立法权和行政权；分为征税权、司法权、战争权；分为内政权、外交权。这些分类有时混乱，有时清晰。这便使主权看起来变成了一种由许多部分拼凑而成的“怪物”，就好像用若干个人的身体来拼接一个人，眼睛、手臂、双脚都来自不同的身体。据说日本幻术家在当着观众的面肢解人体后再拼接，这个人便复活了——公法学者的幻术也一样，只不过他们分割与拼接的是政治社会。

公法学者们的错误源于他们对主权体的误解，他们误将主权体的派生物视作其组成部分。例如，战争和议和的行为实际上不是法律，而只是法律的应用，只是决定法律怎样应用的特别行为。

在分析别的区分中我们可以发现，当主权被分割后，错觉于是产生。那些似乎是主权组成部分的权利实际上是主权的从属，这暗示着，这些权利以最高意志为前提，执行最高意志。

许多人在讨论政权时并未正确体会这一点，因此他们在用自己的原则来对国王和人民下判断时，其见解无比暧昧。例如，格劳秀斯与其著作翻译者巴比勒双双困于自设的诡辩之中不得解脱，因为他们担心，过多或过少地表达自己的想法会引起他们想调解的各方不满。

格劳秀斯在法国流亡时出于对故国的不满而向路易十三献媚，他提交了自己的书，将他想尽一切办法剥夺的人类权利献给了帝王。巴比勒亦是如此，他向英国乔治一世提交了自己的译本，不幸的是，詹姆士二世被驱逐，于是巴比勒不得不用各种隐讳的言语来规避威廉篡位的事实。其实这两位作者的一切困难都可以被解决，只要他们按照正确的原则进行，他们的理论就很容易做到前后一致。然而，“这一真理对他们不利”，他们只能对人民献媚。但是，真理之路没有幸运可循，人民不会原谅他们。

公共的意志是否可能错误

由上推论可知，公共意志永远“公正”，以公共利益为目的，但这并不意味着人民决议同样正确。虽然人们的意志总是以追求自身利益为目的，但在很多情况下它都无法对利益做出正确判断。尽管人民不会“腐化”，但他们却容易被骗，此时，他们的意志就在为恶。

全体意志和公共意志间存在巨大差别。前者它顾及私人利益，不过是个别意志的总和，但却能消弭个别意志中互相抵触的正反两面，剩下的正面意志或反面意志，即代表公共意志；而后者只考虑公共的利益。

如果人们对人民在从事决议时有充分的智识，但彼此之间却没有相互交流，那么当相互一致的个别意见占多数时，它们亦可代表公共意志，其做出的决议也是合理的，不过，一旦有牟取私利的党派牺牲公共利益，那么相对于党派成员而言，党派的意志就是公共意志，而对国家而言则只是个别意志。这时，投票者数量并不指全体成员数量，而仅是党派数量。在这种情况下，个人表达个别意志的机会减少，结果也并非公共意志。如果此时有一党独大，那么意见一致的结果就不再是个人意见的总和，而只是党派意志。于是，公共意志不存，占优势的意见只是个体意见。

因此，要让公共意志得以表达，国家之内就不能存在营私党派，每个公民表达自己意见的依据是自己的思想——这是伟大的斯巴达立法者莱卡格斯所建立的独特而高明的制度。如果党派产生，按梭伦、努马、赛尔维乌斯的方法，则越多越好，因为这是一种预防，它是确保公共意志由始至终都是人民不自欺的保证。

保护生命，而非处分生命

个人无权处置自己的生命，那么，个人如何将这种不存在的权利转交给主体？我们无法取得满意答案，在于我们问错了问题。任何人都有权为了保存生命而进行生命冒险——我们怎么能说一个在火灾中跳窗的人是在自杀？如果一个人登船前不知危险会降临，那么就算他在风暴中死去，那也不能说他是自杀。

保护订约者是社会契约的目的。人一旦想达成某种目的，则必定会有达成目的的手段，运用这种手段一定有风险，甚至会造成损失。那些把安全依托于他人生命之上的人，在必要的时候也得为他人献出生命。法律要个人冒险时，个人不能自行判断。当元首让一个人为国献身时，他就应该照做，因为正是有其他人为国牺牲，他才能安全活到现在。自然不再是他生命的唯一来源，国家也在一定条件下赐予了他生命。

同样的道理也适用于对罪犯实施死刑的情况。因为我们不想被杀，所以我们同意一旦自己成为杀人者就应受死。我们订立这样的契约目的在于保护生命，而不在于处分生命，每个订约者都不想死刑加诸自身。再则，个人一旦侵犯了社会权利，则成为叛国者，触犯国家法律者不再是国家成员，而且是在向国家宣战。因此，此时必须在国家与个人中做出抉择。与其说死刑杀死的是公民，不如说杀死的是敌人。审判认定了他对社会契约的破坏，他不再是国民之一，同时因为他一向以国家成员自居，所以必须将其视作社会契约的破坏者或公众的仇敌而处死。这种公众的仇敌只是自然人，可援引战时杀战败者的权利处置他。

或许有人会说，给罪犯定罪的行为很特别。的确如此，因此定罪不能由主权体执行。主权体虽无此项作用，但却可以授予公众定罪的权力。频繁地执行死刑意味着政府的无能与软弱。所有坏人都可能转变。国家没有权力杀死一个对世界没有危害的人，即使是当作杀一儆百的例子也不行。

拥有赦免权的人可以免受法律所加予和法官所宣告的刑罚。这种权利是主权体的权利，高于法官与法律，但它极少有机会被实施。政治良好的国家中极少有刑罚，是因为犯罪少，而不是因为赦免多。赦免，只有在国家衰弱、犯罪频发时才被经常实施。罗马共和国的元老院和执政官都未施行赦免，它的人民可以撤销自己的判决，但亦未行赦免。赦免罪行是犯罪不再受罚的标志，其结果将不堪设想。对此事我心踌躇不能下笔，就把这个问题留给那些未曾犯错，而且永不需要赦免的正直人讨论吧。

法律考虑的永远是全体人民

社会契约成立，则政治社会与生活诞生，接下来便要有法律来规定它的行动与意志。因为原有的社会契约并没有提到如何保护政治社会。

一切对的、与秩序相协调的事物与人类的社会契约无关，因其本身就具备那样的性质。神是一切正义的唯一源泉。如果我们可以直接感受神的正义，那就不再需要法律与政府。毫无疑问，普世正义由理智产生，但它若想得到公众认同，必须是相互的。就人而言，自然制裁不到正义，因此人间的正义法则只是虚幻；当正直之人的正义之举得不到对等的回应时，便使恶人得利而正直者受屈。所以，社会契约与法律，必须让权利与义务相连接，并使正义得以实施。

所有东西在自然状态下皆为公有，我不欠人人不欠我，那些属于他人的东西，是于我无用的东西。但是，在社会状态下，法律规定了一切权利，于是情形改变。

但究竟什么是“法律”？如果我们继续纠缠于形而上学的观念中，那么不管如何解释也无法说清。当我们知道了自然法则是什么，也还是不知道国家的法律是什么。

我已经说过，公共意志不涉及个别事物。因为个别事物要么在国家内，要么在国家外。国家之外的个别事物不是其组成部分，因此不能作为公共意志；而国家之内的个别事物，则与其有隶属关系，是整体与部分的关系。这关系有两方：一方是该部分，一方是除去该部分后的剩余部分，但随着部分从整体中被减去，整体亦不再被称为整体，因此这种关系下没有整体，只有两个不同的部分。所以，此部分的意志对于剩余部分而言，无论如何都不是公共的。

如果作为主权体的全体人民（立法者全体）对作为公民的全体人民（服从法律的全体）下命令，这是以其自身为考虑。如果其中能形成关系，那也是一个整体在两个全体人民中的关系，而不是整体与部分的关系。这种命令与发命令的意志一样，是公共的。这就是法律。

法律目的的性质永远是公共的，即法律考虑的永远是全体人民，它只考虑抽象行为而不考虑个体行为。虽然法律有授予特权的作用，但却不能决定谁可以获得特权；它可以对人民进行阶级划分，甚至可以决定阶级资格，但却无法决定谁属于哪个阶级；它可以选择政体，但却不能决定君主。总之，一切个别事物都不在立法权的范围内。

这样看来，法律代表公共意志，君主不可凌驾于法律之上，因为那样意味着他会对自己不公。同时，法律是人们意志的记录，因此我们服从法律的同时，亦可获得自由。我们更能看出，法律连接了意志与事物的普遍性，所以不管那个人是谁，都无法令他自己的意志成为法律。即使主权者所下的命令也不是法律，那不过是长官的命令或行为。因此，无论法治国家的政体为何，都是“共和国”(Republic)，因为只有依法管理才能让公共利益成为国家主题，民主才有实现的可能。一切合法政体皆为共和政体。

准确来说，法律仅是人民结合的条件。既然人民受法律制约，便应成轴立法者。社会成为应该自行制定社会条件，但制定时应凭借共同合意还是一时灵感？政治社会是否存在意志表达机构？如何对某些行为做出预见、决定与公布？又如何在必要的时候宣布这些行为？群众盲目，他们通常对自身意志认识不清，因为他们不知什么对他们有利，那他们如何能完成立法这一困难而又重大的事业？

虽然人民总是期盼善与好，但他们却不能分辨善与好。公共意志始终正确，但其判断并非如此。我们必须让公共意志对事物实情有正确的认识，有时还应使之对事物应有的现象有明确的认识；应该让它用适当的方法抵抗私利的引诱；还应该让它明察时间与空间，让它对明显的利益诱惑与隐含的恶果进行权衡。个人对善视若无睹，公众求善而不得，它们都需要指导，使个人的意志与理性相符，让公众明了公众意志的追求。社会理解与意志必须公开，这样两者才能结合。整体的最大力量必须依靠各部分的通力合作才能形成。

论人类不平等的起源和基础

知识最有用，却最不完善

人的知识是最有用的知识，但却最不完善。在我看来，特尔斐城亚波罗寺中碑铭上的那句箴言“你要认识你自己”的深奥与重要程度远胜于道德家们的理论，因此我认为，人的知识是哲学最有意义的问题之一，但它也很不幸的是哲学家们最难解决的问题之一，因为不认识人类自身，就无法认识人类的不平等根源；如果不认识人类体质中随时间推进而产生的变化，则无法认识成于自然的人的最初样子，也就无法分清人的本性与环境、进步加诸人身上的变化。

人类的心灵像被风雨侵蚀的海神塑像，变得更像一只兽。不断发生的无数事件、许多的知识和谬见、身体组织上所发生的各种变化以及情欲的不断冲动等，已让人类的心灵变质，甚至已经变得难以辨认。而且，已经没有人始终坚定地遵循一个原则来行动。我们再也找不到人类身上那源于自然的神明与庄严朴实。我们看到的，只是自以为是的情感与狂热、理智的畸形对立。更不幸的是，人类每获得一次进步，就与人性的原始状态背离一次，于是新知识积累越多，则获得重要知识的手段越少，即因我们自己之故，我们无法认识自己。

很容易理解，要寻求区分人们各种差别的最初本源，必须在人类体质的连续变化中进行。人与人之间原本与动物间一样，相互平等。这种平等只存在于某些动物因各种不同的生理问题而产生了我们仍可分辨出的那些变种之前。无论这些最初的变化是如何产生的，我们都无法想象由其引发的人类同步变质。人类有的变好，有的变坏，并获得了相应的好与坏的性质。这些性质并非源于天生，但有些人却能保持其原有状态，并长久维持。这就是人类不平等的最初根源。这种说法十分笼统，但要具体指明不平等的真实原因则比较困难。

我虽然这样说，但并不代表我已经对那些难懂的东西有所了解。尽管此前我已经有了推论与猜度，但我无非是想明确问题及其真相。行走于同一条路上的人，总有人领先，但谁都不会觉得可以轻易到达终点。确实，对现今人类性质中的原始与人为因素进行区分，对已经消失的状态进行很好的认识是一件十分困难的事情，但我们必须对它们形成正确的看法，这样才能对现状进行判断。能够有根据地对这一主题进行观察研究的人，除了必须采取谨慎态度，还必须具有一种异于常人的高深哲学。我还认为，亚里士多德和普林尼一定会十分重视下列问题的完善解决：何种社会实验能够让我们认识自然人？虽然我的目的不在于解决这一问题，但基于我对这一主题的充分思考，我认为无论是最伟大的哲学家还是最有权力的君主，都不适合指导这项实验，因为我们在期待一种对耐心有特别要求的合作，或者说在期待智慧与热诚的合作以达到目标——但这并不合理。

尽管这些困难的研究鲜少有人想到，但却是帮助我们认识人类社会真实基础的唯一方法。我们之所以无法给自然法学下一个明确的真正定义，是因为我们对人性无知。根据布拉马基的观点，法学，尤其是自然法学的观念与人性相关，因此这个科学原理必须从人性、人类体质和人的状态中去推论。

可惜的是，对这一问题进行过研究的学者无法达成一致见解。在顶尖的学者中，竟没有人同意彼此的观点。且不说那些在哲学基本问题上相互驳斥的古代哲学家们，罗马的法学家竟然认为人类与其他动物服从同一自然法则。因为他们从一个特殊意义角度来解释“法则”一词，认为法则是自然加诸自身的规则，而非加诸人类身上的规则。所以在他们看来，法则是自然为了整个动物界的共存，而在动物界中建立起的一种一般关系，但在现代人看来，法则所针对的仅是人类——智慧而自由的万物之长。不过，现代人对法则的定义也并不相同，人们把法则建立在形而上学的基础之上，所以我们无法自己认识这些原理，也没有多少人有能力理解这些原理。因此，关于法则的种种定义从任何方面说都处于对立状态，但有一点却达成了一致：一个人只有兼具了非常伟大的推理家与深奥的形而上学家的特质，才有可能了解自然法则。这个人也因此不可能服从自然法则，即人类一定会在建设社会时运用智慧——这是一种在社会中经历诸多艰辛才得到发展的、只有极少数人能获得的智慧。

对自然认识的匮乏加上对法则定义的不一致性，给对自然法则下一个完好定义造成了一定的困难。因此，书籍中所有关于自然法则的定义，在其不一致的缺点之外，还包括那些从人类天性中所缺乏的许多知识中引申出来的缺点，以及从人类仅在脱离自然状态时才能形成的观念中引申出来的缺点。最初，人们研究的是被人所共同遵守且有利于公共利益的规则。后来，人们综合了这些规则并将其冠以自然法则之名，只要实施法则的结果被人所公认，就无须再用其他证据支撑。无疑，为了说明事物的性质，下定义与几乎武断的态度是一种极方便的方法。但是，在对自然人有充分认识之前，我们无法对他所遵从的法则或最适合他素质的法则进行确定。

某种法则要成为自然法则的条件是：人们的意志要对它进行有意识地服从，并且，它必须直接源于自然。因此，如果对最初和最简单的人类心灵活动进行反复研究，便可发现在此之前有两个原理早已产生。它们中的一个让我们产生了追求安适与生存的本能；另一个令我们对一切有机体，尤其是同类的灭亡与痛苦感到自然憎恶。这两个原理（社交的原理完全没有加上的必要）的协调与组合，是自然法一切规则的源泉。在理性诞生并取得了连续进展后，终于占有了自然，于是理性只能为这些规则寻找新的建筑基础。因此，要先让哲学家成为人，才可让人变为哲学家。他之所以对他人负有义务，不单单因为他在日后会受到智慧教育；并且，只要他仍怀有同情心，他就不会对别人，甚至其他一般有机体构成危害。除非他的生存受到威胁，否则他不会偏重自己。

据此我们可以确定动物是否参与自然法则——它们参与了自然，我们对它们负有义务。因为，虽然它们缺乏智慧与自由而无法认识自然法则，但是，它们却可以凭借其天生的感性而参与自然。其实，理性并非我们不侵害同类的原因，而是感觉：禽兽与人一样有感觉，这一共同特性决定了我们无权对它们进行无故虐待。

我们仍然可以通过对原始人真实需要及其义务的基

本原理进行研究，来解决道德不平等的起源——国家的真实基础，国家成员的相互权利，以及同样重要而同样被解释得不明不白的无数其他类似的问题——并且，这是唯一的好方法。

如果冷静地观察这个社会，我们会首先发现弱肉强食。我们的精神反抗残酷，或对愚昧表示惋惜。人类间的贫弱富强，并非由智慧产生，而是天生的命运。它们是世间最不稳定的因素，所以社会制度的基础虽然看上去不稳，但在对它们进行仔细审察后，扫清制度的那些瑕疵，我们就可发现制度根基的不可动摇，才知道对这种基础表示尊重。然而，如果我们要对现今人性中的自然成分与人为因素进行区分，就必须对人类与人类的天然能力及其发展进行认真研究，因此，由我所研究的这一问题中引申开的对政治及道德的探讨，在各方面都有重要价值与借鉴作用。如果我们考虑一下听任我们自由发展所造成的后果的话，我们就应该祝福人类自身。正是人类的慈悲之手修正了我们的制度，赐予了它一个稳固的根基。这样做令制度中必然的混乱得到预防，并为我们在苦难的根源之中创造幸福。

上帝将你塑造成什么样？你在现今的人类中处于何种地位？你应该有所领悟了吧！

人类的两种不平等

人类的不平等有两种：自然或物理的不平等与政治或道德的不平等。前者决定于自然、年龄、健康、体力以及精神或心灵的性质；后者为某种契约的一部分，由人为设定。它赋予某些人，如富人、贵族或权力阶层以损害他人的特权。自然不平等的根源从其字面意思即可获知。我们也不必探讨这两种不平等的本质联系，因为这个问题就好像是在询问下命令者是不是一定比服从者优秀；在同类人中，体力或智力、智慧或德行是否总能符合个人势力或财富。这样的问题或许适合在奴隶间进行讨论，但在寻求真理的、自由而公正的人之间讨论则并不合适。因此我在这里要讨论的是：在事物的发展过程中，权力何时取代了暴力，自然何时服从于法律。我同时要解释，为什么强者愿意为弱者服务，为什么人民可以拥有真正的幸福而不仅仅是幻想的安宁。

尽管哲学家们在研究社会基础时，都提倡应以自然状态作为研究起点，但他们没有人做到；尽管他们中有些人断言公与不公的观念在自然状态的人中就存在，但他们却没有解释为什么人们需要这种观念，甚至没有回答这一观念是否对人类有益；另一些人认为每个人都拥有财产权，但他们却没有对他们所理解的这一概念进行解释；还有一些人在一开始就将统治权力赋予了强者，同时认为政府就在那时诞生，但却没有对权力与政府形成之前的时期进行考察。总之，以上的言论在涉及需要、贪婪、压迫、欲望和骄傲之时，就已经在自然状态中添加了自己在社会中所获得的观念，他们用描写文明的人的词汇来论述史前人类。

大部分现代人都未曾质疑过自然状态，但从《圣经》中我们可以看出，当第一个人从上帝那里得到智慧和诫命之后，他就已经明显地脱离了自然状态。如果我们都相信摩西十诫，那么我们就必须承认人类从来不曾有过纯粹的自然状态，但那些因非常变故而重回自然状态的人则又另当别论了。我们完全无法证实这样的言论，也很难对它进行辩护。

因此我们必须抛开这些与问题无关的事实。我们所进行的研究不是历史真相，而只是一种假设和推论。这些推论为的是阐明事物的性质，而不是提示其来源。

虽然宗教让我们相信人因上帝的旨意生而不平等，但宗教却没有说，我们不可以推测人类任意发展的结果。这即是我讨论的主题。我的讨论仅以人类的性质和人类周围的存在作为根据，与一般人类有关。我将努力用一种所有人都能理解的语言来阐述我的问题，我假定我的评议员是柏拉图和克塞诺克拉底，而我的听众是整个人类。

人啊，请你抛开地域与个人意见，来听听你的历史吧：这是我想阅读的历史。人类都是说谎者，所以这种历史不在人类的书籍中，而存于自然之中，因为自然从不撒谎，凡它的产物——除了我无意掺杂的个人意见——无一虚假。人类与他原有的状态相比，已经有了巨大的变化，在此我将为你描述一个久远的时代，我将依照你那已被你所受的教育和你所沾染的习惯所败坏但尚未毁灭的禀赋的性质来为你描述——这是你的同类们的生活：有这样一个时代，人们愿意停留在那里，你会愿意对这个时代进行探讨。你对现状不满，这种不满会因你预见到了后代的不幸而大大增强，你也许宁愿退回从前。这样的情感应该使你的祖先受到颂扬、使与你同时代的人受到批评、使那些生于你之后的不幸的人感到震惊。

为自己谋利益，少害人

处于自然状态中的人没有道德联系与义务关系，所以他们非善非恶，没有恶行与美德。除非在生物学意义下解释这些词，否则恶行就是对生存的损害，美德即是有利于生存的行为。在这种情况下，最有道德的人就是最好地顺应了自然的单纯冲动的人。但是，如果在这些词的通常意义下考察，那么我们就必须不带偏见地以公平的态度衡量下列事物。

我们来考察一下文明人的美德与恶行。看看在他们身上，美德是否多于恶行；或者美德是否带给了他们更多的好处，胜过恶行带给他们的损害；或者他们的知识进步是否能够补偿必要善举中存在的恶；或者，如果他们没有了对恶的惧怕与对善的期望时，会不会比他们作为依附者而不得不承担对他们不负任何责任的人所给予他们的一切义务时，要幸福。

霍布斯曾总结说：人性本恶。因为他不知美德为何物，他认为对同类没有义务，所以他经常拒绝为别人提供服务；或者，他觉得他有权要求其所需的一切事物，所以他愚蠢狂妄地认为自己是万物唯一的主——我们不同意他的这些看法。

虽然霍布斯对有关自然法则的一切现代定义的缺点有明确的认识，但他基于自己定义而推论出的那些结论却恰恰证明了其定义同样有误。自然状态应是一种利己生存而不损人的状态，它最有利于和平，也最适合人类，但霍布斯的主张与此全然相反，因为他将许多欲望追求纳入了史前人类的生存关注中，而这些欲望追求却只能从社会中产生，同时也是法律产生的条件。霍布斯把恶人视为强壮的儿童，但史前人类究竟是不是一个强壮的儿童，还有待商榷，就算是，这又能说明什么呢？如果一个人不管强壮软弱都依赖别人，那么他就有可能做出任何野蛮行为：他会因为母亲哺乳稍迟而动手打母亲；他会因为兄弟令他不适而将其扼死；他会因为别人撞伤他的腿而咬别人的腿。但强壮与依赖是自然状态中的矛盾假设，因为依赖的人就必定软弱，而强者必是一个独立的人。霍布斯没有认识到，史前人类的理性应用与滥用能力的行为受到了同一个原因的限制。

因此我们应该说：正是因为史前人类不知善为何物，所以他们并不邪恶。这不是知识发展或法律限制的结果，而是因为他们平静的情感与对恶行的无知。他们不知道为善所得的好处要远远大于为恶所得的好处。此外，霍布斯还忽略了一个原理。这个原理能在某些情况下缓和人类强烈的自尊心，或是缓和自尊心产生以前的人类生存欲望，于是，在这个原理的作用下，人类通过天生厌见同类受苦而抑制追求自己幸福的渴望。

人类唯一的自然美德是怜悯，这种禀性适合于同我们一样软弱并遭受了诸多不幸的生物。美德之所以普遍且有益于人类，最重要的是因为它产生于人类自省能力之前。它的自然性可以让禽兽也拥有显著的美德象征。除了母爱，我们也可以看到马不忍践踏活物。动物不会对自己同类的尸体无动于衷，在有些动物中甚至还有埋葬同类的行为。屠宰场中的动物悲鸣，是牲畜们对可怕光景的反应。

我们很高兴看到，《蜜蜂寓言》的著者承认了人类的慈悲与多情。他为我们呈现了一个囚犯遇到的痛苦：他看见外面的一个母亲被野兽夺去了怀中的幼儿。看着孩子被野兽的爪牙撕碎，即使是一个与此事无任何利害关系的人，他也会因无法为他们提供救助而痛苦万分。

这就是先于各种反省而存在的纯粹自然的感动，最腐败的习俗也无法摧毁自然的怜悯力量，因为我们总能在剧院里看见为悲剧而掉泪的人。他们如果是暴君的话，就会令其敌人的苦痛倍增，就好像嗜杀的苏拉，或者斐尔王亚历山大那样，为不是自己造成的痛苦而悲伤，但却对因自己残酷而造成的杀戮无动于衷。

自然曾把最柔软的心与眼泪赐予人类。

孟德维尔认为，人类理性需要由怜悯心扶助，否则就算一个人拥有一切道德，也是个极坏的人。但他却没有看到，他想否认的那些社会美德正是从这怜悯心中生成的。如果怜悯心不能为弱者、罪人或一般的人类所享有，那么就无所谓宽大、仁慈和人道。从最广泛的意义上说，连恩德与友情都可以视作以固定对象为目标的怜悯心的产物，因为，希望一个人不遭受痛苦与希望一个人幸福是完全相同的事情。即使怜悯心的的确确是一种与受苦者的情感共鸣（史前人的这种感情较为隐微而活泼，而在文明人那里则发展得很薄弱），也只是给我所讨论的这个真理以有力的论证，除此没有其他意义。

怜悯心会随着对受苦者的体恤加深而强烈，但这种体恤在自然状态下显然比在推理状态下更明显。

怜悯心在理性中产生，在反省中增强，而理性又使人开始反省，使人从各种妨碍和困扰人的东西中脱离。然而，哲学让人变得孤立，让人失去同情。除非整个社会都陷入危机，否则哲学家定然能继续安眠。他们在杀害同类后可以掩起耳朵为自己辩解，然后便将因天性产生的同情压抑。史前人类绝对无法做到这一点，他们因为智慧与理性的匮乏而轻率地服从着人类的原始情感。

贱民们在骚乱中聚集，谨慎的人避之唯恐不及，而庶民与市井妇女却阻止了上流人的自相残害与争斗，因此，怜悯心肯定是一种自然的感情，它对自爱心进行调节，给人类的相互保存行动提供协助。它让我们在提供救援时不假思索；它在自然状态中代替了法律、习俗和美德；它温和的声音能被所有人遵循；它让史前人类在有机会找到食物时不去抢劫弱小；它用以感悟所有人的，不是那句不合理的正义“你要人怎样待你，你就怎样待人”，而是另一个虽不完善但更有用的自然善良的格言“你为自己谋利益，要尽可能少损害别人”。

总之，我们与其在微妙的论证之中寻求一个人憎恶的原因，还不如在自然的感情中进行探索。即使未受教育，人也会对恶感到憎恶。虽然苏格拉底以及与他相似的人们能以理性获得美德，但如果人类的生存仅依赖于推理，那么人类早已灭绝。

第一个围起自己土地的人

第一个围起自己土地的人想的是：这块土地属于我。他居然还能找到一些相信他话的头脑简单的人。文明社会的真正创始人就是这个人。

那个向同类宣称围起土地者是个骗子的人，向人们大声疾呼：“别相信这个骗子，别忘记我们共享果实，土地不归哪一个人所有，否则我们要遭殃。”不过，这个人并没有让人少受战乱、犯罪、恐怖的威胁，但是当时的情况的确不能再糟糕了。因为私有观念并不是突然产生的，而是取决于那些逐渐产生的、许许多多的先行观念。人类为了结束自然状态，必须要有很大的进步，必须要积累许多技巧与知识，同时让这些积累在代际间延续，并获得增长。因此，追溯更早期的历史，以始终如一的观点为指导，能将缓慢相续的事件和知识以最自然的秩序进行综合。

生存感是人类最初的感情，如何自保是人类最初的顾虑。自然资源是人类发展的必要条件，人类在本能的驱使下利用这些资源。在食欲与其他欲望的支配下，人类不断改变其生存方式，种群繁衍正是受了这些欲望其中之一的诱惑。只是这时的人类繁衍十分盲目，是一种不带感情的纯粹动物行为。两性在需求得到满足后便不再相识，孩子也在有能力独自求生后立刻与母亲断绝了一切关系。

这就是原始人的生活，局限于纯粹的感觉中，对天赋毫无所觉，不向自然索求。不久之后困难出现：树木的高度阻碍他采摘果实，其他动物又争相寻求该类果实，还有一些凶猛的野兽甚至要伤害他的生命——要克服这些困难就必须锻炼自己的敏捷性与速度，提高战斗力，用树枝与石头当武器。人类克服了自然障碍，学会了与其他生物，甚至与同类相斗以获得生存资料，或者，他们也学会了对强者让步以保存自己。

随着人口的增加，忧虑也增加，自然环境的差别迫使人们采取了不同的生活方式。为了应对恶劣的气候条件，人类需要有新的生存技巧，居住在不同地区的人们有了不同的生活方式。此外，人类还学会了用火，接着学会了保存火种，甚至学会人工取火，最后他们懂得了如何利用火来加工食物。

于是，人类与自身、与他人、与动物之间的不断接触，使得人类产生了对某些关系的感知。大、小、强、弱、快、慢、胆怯、胆大等词，以及其在必要时候产生的几乎无意识的对比观念被我们用于表示这些关系。最终，这些关系催生了人类的反省，或说是机械的深虑——在它的驱使下，人类可为自保而采取最必要的手段。

新的知识从这些发展中诞生，它使人类超越了其他动物，同时令人类认识到这种优越性。从此，人类用各种方式征服了动物，成了他们的主人或酿灾人。所以说，人类在最初的自我考察中产生了最初的自尊，因此在等级观念诞生前，在他将自己列为万物之长时，他也将自己视为同类之长。

虽然，人与人的关系在当时与在今天有所不同，虽然人与人的交往在当时比人与动物间的交往并未显得更多，但人并不会忽略对同类的观察。经过一定时间的观察，人们会发现人与人之间、人类中的女性与其自身之间的相同点，并从中推断出其他未知的相同点。并且，人们发现，同样的情况下不同的人会做出同样的举动，于是便能知道，人与人之间的思想与感觉方法相同。这种想法在他心里牢牢扎根，于是他可以通过一种比辩证法更加敏捷，但可靠性却并不低于辩证法的预感来找寻最好的行为规则。这些规则利己利人，并能为所有人共同遵守。

在经验指导下，他明白了人类活动的唯一动力是对幸福的追求，于是他可以区分下列两种情况：第一类是很少有的情况，即共同利益可以让人获得他人帮助；第二类情况更少有，即竞争让同类间失去信任。在情况一中，人与人结合成群或某种自由团体。这种团体的每个成员都不受拘束，随着团体需求的满足，团体也便消失；在情况二中，每个人都极尽所能牟取私利。于是，“责任感以及责任感会带来好处”这样的观念便在不知不觉中产生。不过，这只有在眼前或明显利害的驱使下才能发生，因为他们没有预见性。他们对未来，甚至对明天都没有概念。如果集体行动围捕一只鹿，当一只兔子跑过某个人眼前时，他会毫不犹豫地去追兔子。尽管这必然会让集体捕猎行动失败，影响集体的收获，但他根本不会在意。

这种交往不需要复杂精练的语言，只需要像以同样理由结合成群的乌鸦或猿猴那样，用发音不清的叫喊、大量的手势、若干模拟的声音交往即可。这种语言在很长一段时期内是一般语言，后来，各个地方在其基础上添加了音素与音节，于是便产生了在现存的土著民族中大多还在使用的那些语言，它们是特殊、粗糙而不完全的。

新情况中的人类

事物发展至此，其余就很容易推想了。读者很容易想到相继而来的发明、语言的进步、智慧的使用、财产的不平等……其他自行补足，我不再赘述，我只谈处于这种新情况中的人类。

现在，人类的记忆力与想象力、自尊心、理性智慧都得到了前所未有的发展，甚至几乎达到顶点。现在，我们的一切能力都得到了发展，一切天赋的性质都已发挥了作用。个人等级与命运不再单纯以财产或个人能力为基础，还必须凭借智慧、外貌、体力、功绩或才能。只有具备这些特技的人才能够得到重视，因此必须常常使用它们。为了私利，人类开始掩饰自己真实的样子，于是人类在外表与实际之间产生了差别，庄严的威仪、骗人的诡计以及随之而来的各种恶行亦在这种差别中产生。另外，由于新需要的产生，人类失去了自由与自主，而被自然，特别是被同类支配。人类成了某种意义上他的同类的奴隶，虽然同时他也是主人：富有的人需要别人的劳务，贫穷的人需要别人的援助，就算生活能自给自足，人们也无法完全脱离其他人的帮助。因此，人类必须竭尽全力引起他人对自己命运的关心，并让人们从实际上或是表面上觉得，帮助自己有好处，于是人类变得狡猾和诡诈，专横和残酷。当一个人不能使他人畏服时，当为他服务的人发现自己无利可图时，他还会对那些他所需要的人进行欺诈。最后，无尽的奢望因居于他人之上的热切而不断增加。对个人财产的狂热，让人们以奸恶来互相为害，同时暗中相互妒忌。妒忌更有害，因为妒忌者为了更容易达成目的而变得伪善。总之，有竞争敌对，就有利害冲突，而且还经常暗地损人以利己。

这一切邪恶都是财产私有的最初结果，也是不平等的必然产物。

在财富符号发明以前，拥有土地和家畜才能代表财富，两者是人类仅有的现实财产。但当不动产的数量与面积增加，并已经占有整个土地面积时，一些人只有通过牺牲他人来增加自己的财富。同时，那些因没有抓住财富机遇的人们，虽然没有失去什么但却变得贫穷。因为除了他们自己，身边的一切都变了。这时他们就只能从富人处得到生活资料，或领取，或夺取。于是，人们按照不同的性格开始了统治与奴役，暴力与掠夺。富人们在体会到统治快乐的瞬间就蔑视了其他一切快乐，好像饿狼一样，一经尝过人肉以后，便厌弃一切其他食物，而只想吃人。并且，这些人征服新奴隶的对象，仅是他们的邻居。

最强者把他们的力量当成了一种对于他人财产上的权利，同样的，最贫者也是如此看待他们的贫穷。照他们的想法，这是一种与所有权等价的权利。所以，最可怕的混乱就在平等被破坏的一瞬间产生了。人们在攫取、抢劫以及放纵感情中，在抑制自然怜悯心和微弱的正义之声中，变得悭吝、贪婪和邪恶。

永不停息的冲突在最强者的权利和先占者的权利间

爆发，非暴力不可解决。因此，新生的社会处于战争状态。堕落苦恼的人类无法回到过去，他们无法摆脱那些不幸的战利品，而且，那些令他们获得光荣的能力如今也只能给他们带来烦恼。最终，人类的前方只有被毁灭的黎明。

富人也好，穷人也罢，都对新生的邪恶感到震惊。他们对财富避之唯恐不及，他们对刚刚发下誓愿想要追求的东西深感痛恨。

终于，人类必须周密地考虑这些降临的不幸与灾难。特别是富人，他们一定会觉得，永久的战争大大不利，他们必须独自承担战争费用，而且，他们认为虽然战争的危险属于集体，但战争中财富的危险却是属于自己的。此外，他们虽然可以对其攫取进行掩饰，但他们也清楚，这种攫取并不合法，他们也知道，力量可以让他们获得这些攫取物，同时也能令它们被剥夺，而他们也没抱怨的理由。甚至是那些通过辛勤劳作而积累财富的人也没有更多的财产私有权，他们也许会说，那墙、那块地都是我通过劳动获得的，但人们会反驳说：“没有人说你们可以在这里建墙；你们没有理由让我们为你们的自愿行动付钱；因为你们占有太多东西，所以你们的许多兄弟正在死亡或受苦；你们已经从公共资料中拿走了超出你们所需的东西。但此前，你们却没有取得全体明示和公共的一致同意。”

富人们既无力辩护，又无力自卫；他能制服他人，也能被他人制服；他以一敌众，并因嫉妒而无法取得同辈的支持。迫不得已，他想到了一个在当时可谓最周全的计划：为了自己的利益，他用不同的语言鼓动攻击自己的人，利用他们的力量进行防御。同时，他为他们制定了另一些有利于富人的制度。

于是，他便对邻居们说：“有一种状态可以引起大家的武装冲突，还会让他们占有的需要变得难以负担。在这种状态下，无论贫穷或富有，谁都无法得到安全。”接着，他便很容易地用一点看似合理的理由来引导人们达成自己的目的。于是，他号召大家联合起来保护弱者，抑制野心家，保障每个人的所得，他提倡制定一种公平、正义、和平的规则。规则面前人人平等，通过遵守规则以抵抗命运上的突然变化。他说：“这样做，可以让我们把力量集合起来作为最高权力，以便按照贤明的法律来治理我们，保护集体中的所有成员，击退外敌，以实现和睦。”

其实，驱使这些易受诱惑的粗野之人，不用上面那么多的言辞。更何况，他们之间的争执已经到了必须有人了断的地步，他们的吝啬与野心已经强到他们必须要有个长期的主人。

当每个人的自由都能得到保障时，所有人就会都朝着枷锁前进。因为，尽管他们的理智可以察觉到政治制度的优点，但他们的经验却无法预见政治制度的危险。最能洞察弊端的人也正是最想利用弊端的人，而且聪明人知道，要保存一部分自由就必须牺牲掉另一部分自由，就好像人们断伤臂以保全身一样。

这应是社会和法律的起源。它们将新的拘束给了弱者，把新的力量给了强者。从此，天赋的自由不再，而仅剩私有和不平等的法律永世长存；从此狡猾与攫取成了永久的权力，人类忍受劳苦、奴役和贫困仅为了若干野心家的利益。

人们很容易了解，当一个社会设立，其余一切社会设立就必不可少，也很容易了解为了与联合力量对抗，其余的人应该以何种方式联合。社会迅速增加，并不断扩大，短时间内全球都出现了社会，宇宙之内再也没有什么地方可以摆脱枷锁与利刃。同时，利刃总是错误的损伤，所以它永远悬于每个人的颈上。

既然市民法已然像这样变为市民的共同规则，所以自然法仅在不同社会之间适用。自然法在那里称万民法，有一些默认的条约对其进行调节，从而在社会间形成交往，并代替自然怜悯心。由于社会与社会间已经不存在自然怜悯心，因此，它对于个人与个人关系间的力量，现在仅存于伟大的人道主义者心灵中。这些人道主义者超越了民族界线，像上帝那样对整个人类施予仁爱。

将此种关系种于自然状态中的各种政治团体，在一段时间后就会感到不便。这令他们觉得非摆脱这种状态不可。同时，这种状态在大的政治团体间比在个人之间更加不幸，于是违背自然与理性的民族战争、谋杀和把流血视为人类美德的偏见，由此诞生。

最上层人士懂得了将扼杀同类视作义务，人们为着不知名的原因而自相残杀，人类在一天中所犯的暴行与占领的土地，比自然状态下，几个世纪里全世界的暴行与占领相加还要多。这大致就是人类产生了不同社会后的最初效果。

共同体是契约的保证人

有些作家认为，政治社会大于强者对弱者的征服，或弱者间的联合。但这些论据并没有说服力，而我的论据最为自然，原因如下：

第一，在强者征服的场合下，征服权不是权利，因此它不能创设其他权利。除非被征服者已经心甘情愿让征服者做自己的首领，否则战争状态将继续。不论此前双方就投降订立了何种条约，都是以暴力为根据，不具任何效力，所以，真正的社会无法在强者征服下产生，政治团体也不可能在这种情况下产生，强者的法律是唯一的法律。

第二，在弱者联合的情况下，强弱两者关系暧昧。因为，有一个过渡时期存在于所有权利，或先占权利的设定与政治统治建立之间。强与弱可以更确切地表示为富与贫，因为在法律产生以前，想让别人服从，除了分享财产或暴力侵占他们的财产，别无他法。

第三，穷人除了自由别无他物，因此，他们在交换中自愿放弃自由是一件极愚蠢的事情；相反，富人对自己财产的感受极为强烈，所以他们很容易被他人损害，于是富人们就不得不采取更多措施来避免损害。总之，对制度的合理设想应当是：它的发明者是它的受益人，而不是受害人。

新生政府的形式并不固定也不正规。由于人们缺乏哲学与经验，因此只能对眼前的不便有所察觉，并且，只有这种不便出现时，人们才会想到要对其他不便进行预防。虽然最贤明的立法家们尽了一切努力，但政治仍然处于不完善的状态中，因为它作为一种偶然性的产物从一开始就不健全。即使时间可以暴露并纠正它的缺点，但对组织本身的瑕疵却无能为力——只有人们先清除地面，并丢开一切旧的建筑材料以后，才能在随后的修建中建起一座高质量的大厦。

最初的社会仅由一些一般契约组成。每个社会成员依约定遵守这些契约，共同体则是契约的保证人。只有当经验证明这种组织已经薄弱到犯罪者可以轻易地逃避罪责时（只有公众才能作为罪过的见证人和裁判人）；只有产生了无数巧避法律的方法时；只有不方便与混乱不断增加时，人们才会意识到，应该冒险让私人接收公共权力，让官吏执行人民决议。有种假设认为，联盟形成以前就有了首领，法律诞生以前就有了执法者。这其实是一种不用进行认真辩驳的假设。

那种认为人民一开始就甘愿服从专制，以及认为奴隶制是那些傲慢不羁的人想出来的保障公共安全最初方法的观点，都是不合理的。事实上，人们拥戴上司是为了反抗压迫与保护自己及私人财产（这些可以说是他们存在的构成要素）。但是人际关系中最糟糕的状态便是一个人被人任意摆布。如果一个人为了让首长帮助其保护上述要素，却首先得将这些要素交到首长手中，这正与良知抵触。首长在接受了如此大的权利后，又能对人们提供何种等值代价？如果他以保护人们为借口而强取这种权利，则与敌人无异。因此，首长的设立，是人民为了保护自己，而不是让自己变为奴隶。这一事实无可争辩，全部国法都以此为基础。普林尼对图拉真说：“我们拥戴国君，是为了让他保证我们不被奴役。”

政治家对爱好自由的诡辩与哲学家对自然状态的诡辩相同。他们都是从眼见的事物中推断那些未见的、完全不同的事物。并且，他们通过对那些耐心受奴役的人们的观察，得出了人类天生具有服从倾向的论断。他们忽略了自由、天真和德行都一样，这些东西的价值只有在它们被人们自由地享受后才能被体会。人们一旦失去了它们，也就无法品尝它们的滋味。一位波斯省长正把斯巴达的生活与波斯波里的生活相比较，于是伯拉西达对他说：“你家乡的快乐我懂，但我知道的快乐，你不懂。”

骏马未被驯养时，对人类表现出强烈的抗拒，可一旦被驯服，则对鞭策与踢马刺能够耐心忍受。野蛮人也反抗枷锁，他们更爱最骚动状态中的自由，不爱安宁状态中的屈从；而文明人则对枷锁屈服，毫无怨言。因此，要判断人类是否赞成奴役的天然禀性，应该从一切自由人民反抗压迫的奇迹中找寻线索，而不能仅考虑被奴役人民的堕落状态。被奴役的人视最可怜的努力状态为和平，并不断强调他们在桎梏中享受着所谓的和平与安宁。但是，当我知道那些自由的人们为了保护自由而牺牲了快乐、休息、财富、权利乃至生命的时候；当我看到许多不着寸缕的野蛮人蔑视欧洲的逸乐，为了保存其独立自主而甘受饥饿、炮火、刀剑和死亡的威胁时，我深深感到，奴隶们不会争论自由。

父母无权剥夺子女的自由

有人认为，父权中派生了绝对统治与整个社会。我们不用搬出洛克和锡德尼来反驳，只需要列出以下几点即可：父权的温和与专制的残忍之间存在着世间最大的差别，因为父权重视服从者的利益胜于重视命令者的利益。自然法规定，只有当子女必须依靠父亲扶助时，父亲才是子女的主人，此外，两者平等，儿女们的义务只是尊敬父亲，而不是服从父亲：因为虽然人类有感恩的义务，但却不可强求被感恩的权利。我们倒不如说，文明社会是父权主要力量的来源。一个人只有子女绕膝，才可被认为是这些人的父亲；父亲是财产的真正主人，因此，父亲的财产联结了子女对他的从属关系。并且，对父亲遗产继承可以根据子女的尽孝程度而定。然而，暴君却没有这样的恩惠可以提供给臣民，而且暴君还宣称臣民及其一切财产都是他的所有财产，因此，臣民们所领受的恩惠，不过是被他们自己抛弃的本属于自己的财产。暴君视掠夺臣民为理所当然，视保存臣民的生命为恩典。

如果继续以权利角度对此事进行研究，我们就会发现，没有任何可靠的依据可以支撑“人民自愿建立专制政治”之说，并且此种说法缺乏真实性。同时，这种说法也无法说明，为何契约仅对订约的一方有效。为何这种情况下其中一方毫无负担，而另一方应承担全部义务，而且契约还有害于义务的承担方。

就算是在今天，这种可恶的制度也不是明君的制度，更不是历史上法兰西诸王的制度。历史上，法兰西敕令中多处出现了这样的文字：

“所以，君主必须受到国家法律的支配，因为这是万民法上的真理。就算献媚者攻击这种真理，明智者也应该保护这个真理，就如同保护这个国家一样。国家的全部幸福来自臣民对国君的服从，国君对法律的服从，以及以公共福利为目的公平法律。这种说法与柏拉图的说法一样，更加合理。”

这段文字出现在1667年一部根据路易十四的命令，并以他的名义出版的一部名著中。

我仅想对以下问题进行讨论，即既然人类最高尚的能力是自由，那么毫无保留地抛弃其一切天赋中最宝贵的天赋，并且还要屈从主人的意旨去犯造物主所禁止的一切罪恶，仅仅是为了逢迎残虐的或无人道的主人，这是否意味着人性的堕落？是不是把自己与那些受驱使的禽兽相等同？是不是对造物主的背叛？这个造物主在看到他的杰作被毁灭时更愤怒，还是在看到他的杰作被侮辱时更愤怒？

巴尔贝拉克有一种权威说法。他曾经以洛克的意见为根据，直率地表明，不管是谁，哪怕是在面对可以任意处置自己的独裁权力时，也不能出卖自己的自由。因为，出卖自由就等于是出卖自己的生命，而任何人都不是自己生命的主人。

我只想问那些甘于如此贬低自己的人们，你们有什么权力让自己的后代们遭受与你们一样的耻辱，并代替他们做出决定，抛弃那些并非由你们赐予的幸福？对于应该享受幸福的人而言，失去这些幸福，生命只是一种负担。

浦芬多夫说，人们可以为了某人的利益而放弃自由，就好像人们可以根据协议或契约让出自己的财产一样。这种推理十分庸俗，原因如下：

首先，我出让的财产以及人们滥用我的财产都已经不再与我有关，但是，人们若滥用我的自由则与我密切相关。而且，就算有人能强迫我为恶而让我逃脱罪罚，我也不可自贬为犯罪工具。另外，人人都能随意处置他所有的东西，因为所有权只是协议和制度。不过，生命与自由作为重要的自然赐予物，情形有所不同。人类是否有抛弃它的权力是件值得怀疑的事：对自由与生命的抛弃，分别意味着贬低与消灭自己。任何东西都无法补偿生命与自由，因此，无论用什么代价将它们抛弃，都有违自然，同时也有违理性。就算自由可以像财产那样被让出，但对于子女而言，让出自由与让出财产其实差别巨大。因为子女对父亲财产的享有仅在父亲将财产让出时发生，但是自由，仍然以自然赐予物的身份被身为人的子女们享有，所以，父母无权剥夺子女的自由。故奴隶制是对自然的违反，同样，永续奴隶制则必须改变自然。法学家们庄重宣布，奴隶之子天生为奴隶，这意味着在法学家眼中，人天生就不是人。

我可以肯定的是，独裁权力无法产生政府。因为独裁权力仅是政治的腐败和极限。政府起初乃是最强者的补救办法，但它最终会被独裁权力引导到最强者的唯一法律上来；而且，即使独裁权力能够产生政府，但这种不合法的权力无法作为权力基础，因此也不能作为人为的不平等的基础。

真正的契约

我们今天暂且不深入讨论政府基本契约的性质，现仅就一般的看法，将设立政治体的行为当作人民与其首领之间的真正契约：双方当事人的结合，以约定遵守议定的法律为纽带。在社会关系方面，既然所有的人民意志都已经合为一个意志，那么出自这个意志的条文，都是基本法，国家全体成员无一例外地受它约束，并且，负责监督执行其他各项法律的官员的选任和权力（这种权力适用于一切能够保持基本法的事项，但不至于变更基本法）也由这些基本法规定。人们将若干名誉冠于这种权力之上，让它能够受人尊重，同时，法律执行者也有特权，作为他们辛勤管理好国家的补偿。官吏们有权按照委托人的意向行使其权力，维护个人安全并享受所得。同时，官吏无论在什么情况下都必须把公共利益置于个人利益之上。

在经验与知识都无法预见基本法的弊端之前，这种基本法是较好的基本法，因为基本法的维护者自身与基本法之间的利害关系最深。官职及其权力是以基本法为基础，所以基本法一旦被废除，官吏就失去其合法性，人民无须再对其服从，同时每个人都可恢复其天然自由，因为是法律，而不是官吏构成了国家的本质。

只要稍微考虑一下这个问题，就会有新的论据证实这件事。由契约的性质可知，它可以被取消。因为，如果契约当事人没有一种较高的权利作为其诚信的保证，或强制他们履行承诺，那么在当事人自己的诉讼中，他依然是自己唯一的裁判，而且，如果当事人中的一方发现有人违背契约，或者他认为契约条款与其不再适合时，他就有权随时毁约。这个原理似乎就是弃权的依据。但我们现在只是要研究人类制度，如果官吏作为一切权力的掌握者与一切利益的占有者，他都有权力放弃职权，那么忍受官吏各种错误的人民，也应有权抛弃他们的从属关系。

但是，这种危险必然会引起不和与混乱。这些更能显示出，人类政府迫切需要一种比单纯的理性更加牢固的基础，公共安全迫切需要神意来确定最高权力的神圣不可侵犯，从而剥夺臣民对最高权力的自由处分权。虽然宗教仅能做到这些，但这足以令全人类对宗教——甚至是它的弊端——表示爱慕与赞同。因为宗教与狂热相比，它所带来的流血要少得多。但我们前进的脚步，必须以我们假定的线索为依据。

每个个人之间于政府建立时所存在着的或大或小的差别，导致了各种形式不同的政府的产生。君主制国家，即选择某一个在权力上、美德上、财富上或声望上卓越的人为长官；贵族制国家，即选择一群彼此不相上下但都高别人一等的人为长官；民主制国家，则是由一些财产或才能并不很不平均，且距离自然状态又并不很远的人共同保持着最高行政。

这些形式哪种对人类最好，已经由时间证明。有些人只受法律支配，而另一些人很快就对他人屈从。公民想要保持自由，而臣民们对别人享有他们无法获得的幸福感到难以忍受，所以就只想到剥夺邻居的自由。总之，一方面是财富和征服，另一方面则是幸福和美德。

官员不管在哪种政府之中，最初均是被选任，而且在财富并未成为主要原因时，人们选择官吏的标准是：他过去的经历已让其产生自然威望的功绩，能在处理事务中显出经验，在会议中显出镇定。希伯来人的长老、斯巴达的长者、罗马的元老院，乃至我们所谓领主一词的字源意义，都是表示对长者的尊敬。

越是将候选人的范围限定于长者的中间，选举就越频繁，也越麻烦，于是便有了阴谋，人们开始结成朋党，党派之争越发尖锐，最终内战爆发，于是公民终于为了他们的国家幸福做出了牺牲，无政府状态回归。这些情况会被野心家们利用，在他们的家族永远占据着某一职位。既然人们已经习惯了从属，过惯了安宁快乐的生活，再也无法从桎梏中解脱，那么出于对安宁的考虑，他们对加重的奴役就毫无异议。因此，已然将职务代代相传的首领们，便将职务视作家族财产，认为自己是国家的主人，而原先他们是国家的公仆。于是，他们的同胞在他们眼中就成了奴隶——牲畜一样的所有物，而他们自己则是神一样的万王之王。

我们能在不同的变革中发现不平等的发展，它的第一阶段是法律和所有权的产生；第二阶段是官职设立；第三阶段是最后阶段，即独裁权力取代合法权益。因为，在第一阶段中，人仅有富与穷的状态；第二阶段则演变为强者与弱者；而第三阶段则发展为主人与奴隶，这既是不平等的最后阶段，也是其他各阶段的终结阶段。此时，政府在一些新的变革中完全解体，或是重新接近于合法制度。

考察政治体在其实施中所采取的形式以及那些随它而来的种种不便，要比考察政治体设立的动机更适于理解不平等发展的必然性。因为，哪种缺点令社会制度成为必须，它也让社会制度的滥用成为必须。在一般情况下，法律较情欲弱。它虽然能对人们进行约束，便却无法令人改变（斯巴达例外，那里的法律关注的是子女教育。来喀古士所制定的风俗几乎不用附加法律）。从这里我们不难看出，一个政府如果不腐化败坏，并能够经常向其目标正确前进，那么政府就没有必要设立。如果一个国家的所有国民都遵纪守法，不滥用职权，那么这个国家的长官与法律也都没有设立的必要。

政治差别必然引起民事差别。不平等在人民与首长之间增长起来后，在短时间内也出现于个人与个人之间，并且根据热情、才能和境遇的不同而表现出不同的状态。如果长官不培养爪牙，也不授予他们非法权力，那就不可能窃取非法权力。另外，公民们之所以会任人压迫，不看下而只看上，是因为他们被盲目的信心所诱导，所以权势在他们眼中要比自主可贵。同时，他们为了能用枷锁锁住别人而愿意先被锁住。想要强迫一个根本不愿意指挥他人的人服从，十分困难，哪怕是最机敏的政治家也无法让一个自愿自由的人服从。

只是，不平等很容易地便会在野心家和卑怯者之间产生，这些人时常准备着在命运上冒点风险，命运处于顺势时便去统治他人，反之则去侍奉他人。所以，应该存在这样的一个时代：那时人们双眼被蒙，只要他们的领导人说某个最微小的人伟大，那么所有人都会觉得他伟大，他后代的地位则以代际间隔为标准，依比例高升。原因越模糊，结果就越大。哪个家庭拥有的怠惰人数越多，哪个家庭就越显赫。

名望与权威

一旦人们结成社会，就算没有政府了，也难免相互比较。人们在不断相互利用中注意到彼此间的差别。如此一来，人与人之间名望与权威的不平等就无法避免。

差别有很多，但人们在社会中用于相互评价的主要差别是财富、尊贵或等级、势力和个人的功绩。因此，我能够证明，这些力量是否和谐，即是国家好坏的最可靠指标。我还可以指出，个人身份的不平等是所有不平等的根源，而所有不平等最终都可归结为财富不平等。因为财富是幸福的最直接助力，也最容易转移，所以它很容易就被人们用来购买其他一切东西。

人们通过这个观察就能正确判断不同民族与原始制度之间，以及与腐败极限之间的距离。我可以指出：我们全体都会毁在人类对声望、名誉和特权的追求中；人类如何训练、比较才能与力量；人们如何鼓舞和增大热情；以及在怀有同一愿望的人们相互竞争、对抗，甚至敌视之时，如何天天造成失败、成功和各种灾害。

我可以说，人类对名声的几乎狂热的追求，使我们拥有了人的至善与至恶、美德与恶行、科学与谬误，总之很多的坏事物中有很少的好事物。

总之，我可以证明，为什么一小撮强者与富人可以享有极大的权势与财富，而大多数人民则生活贫困，处于黑暗之中。这是因为，强者与富人们极为珍视他们的财富以及从别人那里剥夺来的东西。如果情形不变，那么他们的幸福则将能够永远建立于人民的贫穷之上。

如果我们对这些情形一一论述，则可编成一部巨著。在书中，我们可以以自然状态下的权力为参照，权衡各类政府的利弊。同时，迄今已经出现或将要出现的各类不平等，也可以通过对这些政府的性质和必然发生的变革进行考察而得到揭示。我们会发现，一系列与抵御外敌所采取的预防办法相同的办法，正压迫着人民大众；我们会发现，压迫持续增加，而人民却对压迫的无止境性质毫无所觉，也不知道什么样的方法可以让他们合法地阻止压迫；我们会发现，公民权利和国民自由正渐渐地被消灭，弱者的抗议和要求被当成煽乱的怨言；我们会发现，一小部分受雇佣的贪利分子得到了政府授予的保护公共利益的荣誉；我们会发现，征税成了必须，失望的农民即使在和平时期也放弃土地投向暴力；我们会发现，从此以后产生了一系列不幸的、奇怪的荣誉法规；我们会发现，祖国的保卫者或迟或早都会变成祖国的敌人，并向同胞频频举刀；而且，这个时刻必定会到来，那时，国内的压迫者们会听到：

如果你让我将利剑刺进我同胞的胸膛；

或者你让我杀死妻子腹中的胎儿；

我接受你的命令，

尽管我的臂膀在反抗。

无数同样理性、幸福和美德的偏见，从地位和财产的极端不平等中，从热情和才能的差异中，从无益的成有害的技术和无关紧要的科学的多样性中产生了。

我们可以看到，削弱并分裂聚集在一起的首长们煽动了各种事情，同时，他们还煽动了让社会表面上看来和睦而实际上却能产生分裂的事情。为了加强他们对一切事物的掌控权，首长们同样煽动了各种事情，利用权力和利害的对立，鼓动各个等级的人们互相猜疑、互相憎恨。

专制逐渐抬起了它丑恶的脑袋，吞灭了国家各部门中的一切善良、健康。它在这种混乱和变革之中，终于能够对法律与人民进行蹂躏，并在共和国的废墟上建立统治。在这一切之前，时代经历了骚乱与空难，最终恶魔吞并了一切。人民没有了首长，也没有了法律，只有暴君。从此，习俗和美德不再，因此专制所到之处，正直无法再为人们提供希望。专制不允许另一个主人存在，专制的言论没有诚实与义务可言，奴隶们的唯一美德就是极盲目地服从。

不平等在此达到终极点

不平等在这里达到了顶点，它结束了循环，并到达我们所由之出发的起点的终极点。

在这里，一切个人都是零，所以一切个人又都平等；主人的意志是唯一的法律，主人的热情是唯一的规则，因此善与正义再次消失；在这里，一切都回到了最强者的唯一法律上来，因此也是回到了一个新的自然状态。不过这与我们由之开始的自然状态不同，因为原先的是纯粹的自然状态，而现在的则是腐败的结果。但是，这两种状态之间几乎没有差别，专制已然将政府契约取消，专制的暴君们只有成为最强者才能成为主人，并且，如果他被人民驱逐，那他也不能对暴力有怨言。人民绞杀或废除暴君的暴动，与暴君用以处置其臣民的生命、财产的那些行为同样合法。暴力能支持他，暴力也能推翻他。这是一切事物前进的自然秩序，并且，无论那些短暂而频繁的革命取得什么样的结果，没有人可以对他人的不公正进行抱怨，而只能怨恨自己的不谨慎或不幸。

如果你细心地追溯那条把人类从自然状态引导到社会状态的、已被人们遗忘、迷失了的道路；如果你根据我所指出的那些中间状态来恢复我因时间和想象力而省略、忽略的状态，那你恐怕会对分开这两种状态的广大空间感到惊奇。

在事物的缓慢递嬗中包含着哲学家们无法解决的无数美德与政治问题的答案。你将会感悟到，这时的人类并不是彼时的人类。希腊哲学家第欧根尼提着灯笼没有找到一个人，其原因就在于，他在自己的时代中寻找以往时代中的人。你会说，伽图为罗马自由殉葬，是因为他与自己的时代格格不入。如果伟大的他早生五百年，会震惊世界。总之，你能够说明，人的心灵与热情如何在不知不觉中变坏；同时也能说明，它们如何改变了本性；说明为什么我们的需要与娱乐会改变对象；说明在原始人渐渐退出历史后，为什么非天然的人与人为情欲会出现在社会贤才的眼中——这些非天然的人与人为情欲乃是所有这些新关系的产物，而且在自然状态中并没有任何真实的基础。

通过深思，我们知道了有关这些问题的答案，并且被观察所证实：在野蛮人与文明人之间，存在着心情与意向深处的不同，这使得同样的东西可以让一方幸福，而让另一方陷于绝望。野蛮人所渴望的不过是安定与自由，闲散的生活与闲散的状态。他们对身外一切事物极度冷淡，甚至连斯多葛学派的恬静亦无法企及。文明人则处于相反的状态中，他们终日勤勉，为了事业的追求流血流汗，直到劳苦而死。他们甚至可以为了生存而冒死亡的危险，为了永生而放弃生命。他对自己厌恶的权贵逢迎，向自己轻视的富人谄媚，竭尽全力为他们效劳并视其为光荣；他扬扬得意于自己的卑贱与受他们保护的状态，以奴隶身份为荣，并对那些无福消受此项光荣的人嗤之以鼻。

人们总会羡慕一位欧洲大臣的繁重工作，一个加勒比人却会不这么想。他是悠闲的野蛮人，他宁愿以无数种残酷的方式死去，也不愿意选择这种虽有成功快乐，却不能得到缓和的生活。如果他们想对文明人如此劳神的目的有所了解，就必须形成对权势与声望的概念；就必须了解这样一种状态，即人们的幸福感并非来自自己的证明，而是来自他人的证明。他们重视的，是其他人的看法。

实际上，这一切区别的真正原因是：野蛮人独自生活，社会人则活在他人的意见之中，他们的存在需要通过别人进行判断。虽然我们有许多卓越的道德论，但我的主题不在于指出：人们为何会在这样的倾向中对善恶漠不关心；为何在一切归结为表面的时候，一切——名誉、友谊、美德，乃至恶行本身也不例外——都变为人为的和假装的。它们为我们提供了炫耀自己的秘诀。总之，虽然我们有无数的哲学、人道、礼仪和崇高的格言，但我们却从不敢向我们自己发问“我们究竟是什么”，而总是向别人发问。所以，我们获得一种虚伪而浮薄的外形：无美德的名誉、无智慧的理性，以及无幸福的快乐——这不是人类的原始状态——我们的一切天然倾向受到这样改变和败坏的原因，是社会精神与社会所造成的不平等。我们已经证明了这两点，这便足够了。

我尽量做到不依赖那些倡导至尚权力来自神授的教义，让唯一的理性知识从人类的本性中演绎出这些事物，从而说明不平等的起源和进展、政治社会的成立及其弊害。这一说明的结论是：自然状态中几乎不存在不平等。因此，不平等的成长与发展，伴随着人类能力的发展与智慧的进步，并且，私有制与法律的出现让不平等成了持久而正当的事物。另外，当制定法所认可的道德上的不平等与生理上的不平等不相称时，前者便与自然法相冲突：这个区别充分决定了我们应该对流行于所有文明人间的种种不平等做何考虑。因为，无论人们如何定义不平等——儿童指挥老年人，愚人指导聪明人，一小撮人拥有过多的东西，而大量饥饿的人则缺乏必需品——都与自然法明显相违。

论教育——爱弥儿

虽然幼年期间的生命柔弱，但这个时期的人在相对意义上已经变强。因为此时，他的需要并未发展完全，而他的体力正在以超过需要的速度增长，即除了满足需要，还有富余，因此作为孩子，他已经可以被称为强壮。

人们柔弱的原因是体力与欲望失衡。我们的体力在满足欲望上消耗甚多，超过了大自然所赋予的数量，可以说，欲望令我们柔弱。因此要增加我们的体力就要减少我们的欲念，当体力多于欲望，剩余的体力会令人变得强健。

孩子在十二三岁时的增长超过了他实际的需要。此时的他没有强烈的需求，他的器官还未成熟，似乎只有在他的意志更加强大之后，才能脱离幼稚。这时的他根本就不把空气和季节放在眼里，对它们的伤害也满不在乎。对他们来说，体温就是衣服，食欲即是调料，一切能给人提供营养的东西就是美味；他困了，沾枕头就睡着；他可以从任何地方找到他的所需；他不识愁滋味；他不受别人的影响；他的欲望是那些唾手可得的东西；他的体力在满足其欲望以后还有富余——在他的一生中，仅有此时才处于这样的情况下。

肯定有人反对，他们否认孩子的体力能达到我说的程度。他们意识不到我说的不是玩偶而是一个活生生的孩子。他们可能认为，只有年富力强的人才有雄健的精力。真正的力量只有在肌肉长得既结实又有弹性，全身都充满了成熟的生命元气之后才能获得。这些都是没有根据的理论。

我见过一些高大的农村小孩，他们与父亲一起锄地，搬运重物，赶大车，你只有从他们的声音中才能分辨出他们是小孩。城里的年轻工人、铁匠、刀匠和马掌匠，与他们的师傅一样健壮。如果他们训练得当的话，他们的技巧会达到师傅的水平。事实上我承认差别的存在，但这种差别与大人的强烈欲念和孩子的有限度欲念之间的差别相比，要小得多，况且这不仅是体力问题，更是弥补或运用体力的精神能力。

正因为孩子在这个阶段中的体力超过了他的欲望的需要，所以这是他的相对体力（而不是绝对体力）达到最大的时期。这个时期最为珍贵，一生仅有一次，如何好好利用这个时期对孩子而言至关重要，从这个意识上说，它显得特别短促。

那么，该如何利用呢？

这可以说是将他目前为止多余的精力投放于将来——强壮的孩子为柔弱的成人准备食粮。他应该在必要的时候将它们用于有益于自身的实践上。为了要真正占有他所取得的东西，这些精力就不能被别人偷走，或者被别人利用，因此它们必须存在他的手里和头脑里，放在他自己的身体里，因此，我们是时候来谈谈工作、教育和学习了——这不是我的随意选择，这是自然的旨意。

教育的意义

教育要趁早

凡是从造物主之手创造出来的东西，都是好的，而一旦落入人的手里，就全变坏了。他强使一种土地滋生另一种土地所生长之物，强使一种树木结出另一种树木所结出的果实；他将气候、风雨、季节弄得混乱不堪；他残害自己的狗、自己的马和自己的奴仆；他颠倒一切，摧毁一切事物的天性；他喜爱丑陋和畸形之物；他不愿意事物保持天然的样子，甚至对人也是如此，意欲将人像马那样加以训练，将人像花园中的树木那样，按照他喜爱的形状随意加以修剪。

但是，如果没有经过这样的修剪，人类的处境将会变得更加糟糕。如果他生下来就没有接受这种教化，他也许简直就不成样子。偏见、权威、需要、先例以及加之于我们身上的一切社会制度和习俗都将会扼杀他的天性，而不会为其添加任何东西。他的天性将像一株偶然生长于道路中间的树苗，在过往行人的随意践踏下悄无声息地毁灭。

我诚恳地请求你，慈爱而富有先见之明的母亲，因为只有你能够保护这株正在成长的幼苗，使其免遭人类各种舆论的冲击！你要用心呵护这株幼苗，按时为其浇水，使其不至于死亡。终有一天，它的果实将会使你感到喜悦。趁早在你的孩子的灵魂周围筑起一道围墙，别人可以画出这道围墙的范围，但是你应当为它安上栅栏。

我们栽培草木，是为了使它枝繁叶茂；我们教育人，是为了让他具有一定的才能。就算一个人从一出生开始就既高大又强壮，然而，在他没有学会如何使用他的身体和气力以前，对他是没有任何用处的。甚至它们还可能对他有害，因为这将使别人意识不到要帮助这个人。于是，他只能孤单一人，甚至在他还没弄清楚他需要什么以前，就悲惨死去。我们不禁会去怜悯婴儿的处境，然而，我们并不了解，如果人生不经历婴儿期，人类也许早就已经灭亡了。

协调教育形式

我们生来柔弱，所以需要力量；我们生来无助，所以需要帮助；我们生来愚昧，所以需要判断力。我们出生时所缺乏的，我们成长过程中所需要的，全都依赖教育赐予。

这种教育，我们或是受之于自然，或是受之于人，或是受之于事物。我们的才能和器官的内在发展，属于自然的教育；别人教我们如何利用这种发展，属于人的教育；我们以影响我们的事物处所获得的经验，属于事物的教育。因此，我们每一个人都是在这三种教师培养下成长起来的。如果这三种教育在一个学生身上互相冲突，那么，他所受的这种教育就是不好的，而且将永远不合他本人的心意；如果在他身上这三种教育和谐一致，都趋向共同的目标，那么，他就会自己达到自己的目标，而且让生活具有意义，他所受的这种教育就是好的。

在这三种不同的教育中，自然的教育完全不由我们控制，事物的教育只是在有些方面才能加以控制，只有人的教育才是我们真正能够加以控制的，而且这种控制还只是假设的，因为任何人都不能够控制一个孩子身边的所有人的一切言行！

一旦把教育看成是一种艺术，则它差不多就不能取得什么成就，因为，它要成功，就必须让三种教育配合一致，然而这一点是不受任何人决定的。我们殚思极虑所能做到的，只是或多或少地接近目标罢了；不过，要达到这一点，还是需要有一些运气的。

那么，究竟是什么目标呢？它不是别的，它就是自然的目标，这是刚刚论证过的。既然三种教育必须圆满地配合，那么，我们就要使其他两种教育配合我们无法控制的那种教育。也许，自然这个词的意义太过含糊了，在这里，我们应当尽量把它明确起来。

有人认为，自然不过就是习惯而已。这是为什么呢？不是说有一些强制养成的习惯永远也无法消灭自然的天性吗？例如，那些被我们阻碍着不让垂直生长的植物，它们就具有这样的习性。自由生长的植物，虽然表面在保持着人们强制它倾斜生长的方向，但是它们的枝叶并没有因此就改变它原来的生长方向，而且，如果这种植物再继续发育下去，它又会直立地生长了。人的习性也是这样。只要人始终处在同一种环境中，他就始终能够保持由习惯产生的习性，尽管这些习性对我们而言是最不自然的，但是，只要境况有所改变，习惯就会立马消失，天性又会再次恢复过来。可见，教育确实只不过是一种习惯而已。不是有一些人忘掉了他们所受的教育，而另外一些人则保持了他们所受的教育吗？这种差异究竟是怎样产生的呢？如果一定要把自然这个名词只限用于适合天性的习惯，那么，我们就可以避免述说这一番徒劳的话了。

我们生来就能感觉，而且从出生时就能通过各种方式感受到周围的事物对我们的影响。一旦我们意识到我们的感觉，我们便会去趋向或者躲避产生这些感觉的事物。其依据是，我们首先要看这些事物能否使我们感到愉快，其次要看它们对我们是否方便适宜，最后则看它们是否符合理性赋予我们的幸福观和美满观。随着我们的感觉逐渐敏锐，眼界逐渐开阔，这些倾向就会愈来愈明显，随着我们的感觉和智力的发展，这些倾向逐步扩展并得到强化；但是，由于受到了习惯的强制，这些倾向也会因为我们的见解不同而发生不同程度的改变，我把这些在产生这种变化之前的倾向，称为“内在的自然”。因此，我认为，应该把一切都归因于这些初始的倾向。

如果我们所受的三种教育仅仅是相互有所不同的话，那就不会产生很大的问题。关键在于，当三种教育彼此冲突时，我们又该如何行动呢？显然，当我们教育一个人，不是为他自己，而是为了别人时，三者之间要配合一致，就不可能了。如果我们不得不为我们的自然本性或为社会而奋斗，那么，我们就必然要在培养一个人还是培养一个公民之间进行选择，因为我们不能同时培养这两种人。

凡是一个小社会，由于它的范围狭窄，内部又比较团结，因此便会同大的社会相疏远。凡是爱国者对外国人都是冷酷无情的，因为在他们心目中，外国人只不过是人而已，与自己是没有任何关系的。这种缺陷不可避免，然而却是微乎其微的。更为重要的是，要对那些与他们一起生活的人都很好。例如，斯巴达人在国外是野心勃勃的，并且也是很贪婪、不讲仁义的，然而他们在国内却处处显露着公正无私、和睦团结的精神。不要再去相信那些世界主义者了，因为在他们的著作中，他们往往都是到极为遥远的地方去探求那些不屑在自己周围履行的义务。这样的哲学家之所以选择去爱鞑靼人，目的是避免去爱他们的邻居。

自然人完全是为他自己而生活的。他是数的单位，是绝对的统一体，他只与自己和他的同胞保持关系。公民则是一个分数的单位，是完全依赖于分母的，他的存在价值在于他与总体的关系，即他与社会的关系。好的社会制度应该是这样的制度：它知道应该如何恰当地改变人的天性，如何能剥夺他的绝对的存在，而给予他以相对的存在，并且能够把“我”转移到共同体中去，以此促使各个人不再把自己看作一个独立的个体，而只将自己看作共同体的一部分。

罗马有一个公民叫雷居鲁斯，他既不是凯尤斯，也不是鲁修斯，他就是一个罗马人，他极其热爱他所独有的国家。后来，由于他成了迦太基人的奴隶，雷居鲁斯便自称为迦太基人。作为一名外国人，他坚决拒绝接受罗马元老院的席位。只有迦太基人给他下命令，他才能服从接受。当别人想挽救他的生命时，他却感到非常愤慨。当他取得胜利时，便昂然回去，最终却受酷刑而死。这在我看来，对我们现在所了解的人来说，是不具有任何重大意义的。

有一个斯巴达人叫佩达勒特，他提出他自己要参加三百人会议，但他的请求遭到了拒绝；然而，当他意识到斯巴达有三百个胜过他的人时，他也就心甘情愿地回去了。我觉得佩达勒特的这种表现是很真诚的，我们有足够的理由相信他是真诚的，而像他这样的人就是公民。

有一个斯巴达女人，她的五个儿子都参加了战争，她迫切地等待着战事的消息。一个奴隶来了，她战栗地向他询问结果。这个奴隶告诉她："你的五个儿子都战死了。"这个女人急切地说道："贱奴，谁问你这个？""哦，我们已经胜利了！"这个奴隶连忙转移了话题。于是，这位母亲便跑到庙中去感谢神灵。这样的人就是公民。

对于那些想在社会秩序中把自然的感情放在第一位的人，是无法知道他的需要的。如果一个人经常处于自我矛盾中，经常在他的个人倾向和应尽的职责之间犹豫徘徊，则他既不能成为一个人，也不能成为一个公民，他对自己和别人而言，都将一无是处。我们今天的人，例如，今天的法国人、英国人和中产阶级的人，他们都是这样的人，他们都将成为一无是处的人。

一个人要想有所成就，要想成为一个独立自恃、始终如一的人，就一定要言行一致，就一定要坚持自己的原则，而且要毅然决然并自始至终地坚持这个原则。我等待着人们在我面前展现这样的奇迹，以便让我知道他究竟是一个人还是一个公民，或者说，他是如何同时成为这两种人的。

从这两个必然是互相对立的目的中，产生了两种相互对立的教育形式：一种是公众的和共同的，另一种是个体的和家庭的。

若要了解“公共教育”，你不妨读一下柏拉图的《理想国》。这本著作并非某些人仅凭书名所想象的那样，是一本讲政治的书籍，实际上，它是一本最好的教育著述。而且，像这样的教育著述，还从未有人写过。

当人们谈到空想国时，他们就会提出柏拉图的制度。然而，如果莱喀古士只把他那套制度写在纸上，而不将其付诸实践，那么，我可能会认为它空想得更多。柏拉图不过是为了纯洁人的心灵，而莱喀古士则改变了人的天性。

公共的机关显然已经不复存在，而且也不可能再存在下去，因为在没有国家的地方，也会存在公民。“国家”和“公民”这两个词应该从现代的语言中被取缔。我很清楚其中的理由，只是我不愿意去谈它，因为它与我所阐述的问题没有任何关系。

我并不愿意把那些人们称之为学院的可笑机构所提供的教育视为“公共教育”，也不愿意把它视为“社会教育”，因为这种教育想追求两个相反的目的，最后一个也达不到。它只能培养出一些虚伪阴险之人，表面上是在时时为他人，而心里却是处处为自己。不过，这种表现每一个人身上都共有，所以也就无法欺骗任何人。这一切不过是枉费心机罢了。

我们本身不断感受到的矛盾，就是在这些矛盾中产生的。由于被自然和人引到了相反的方向，在这些不同的推动力之间不得不形成分歧，因此我们就只能采取折中或混合的办法。然而，这个办法并未使我们达到任何一个目标。我们终生都无法解决这两个目标之间的矛盾，并始终深陷混乱和犹豫的状态之中不能自拔，既不能善待自己，也无法贡献他人，最终就匆匆结束了我们的生命。

现在要谈一谈家庭教育或自然的教育了。如果一个人完全只是为了他自己而受教育，那么，他对别人有什么意义呢？如果能把这两种教育目的在单一个体身上合而为一，从而消除他主张中的冲突和矛盾，那么，这也就消除了他的幸福生活中的一大障碍。不过，在对这种人进行判断之前，首先必须了解这种人的发展，看他成人以后是怎样的，也就是说，我们首先必须了解自然人。那么，在你读完本书以后，在这个问题上就可能有几分收获。

要培养这样一个难得的自然人，我们必须要做些什么工作呢？要做的工作很多，这是毫无疑问的。凡事都要谨慎前行，设法阻止去做某些事情，让自然说话。当逆水行舟时，你只需要调整航向、迂回行驶就可以了。但是，当海面上波涛澎湃，而我们又想在原地停留时，那就要抛锚。年轻的舵手，请一定要小心，别让你手中的缆绳松了，别让你的船锚动摇，不要在你还没有发觉以前，船就漂走了。

真正的教育

在一个所有社会地位都已确定的社会秩序中，每个人都应该为自己取得的地位而接受教育。如果一个人是为了他先定的地位而接受教育，那么，其他的地位就不再适合于他。只有当命运同父母的职业一致的时候，教育才是有用的，而在其他的情况下，教育赐予学生的只是偏见，反而对他有害无益。在埃及，儿子是不能不依从他父亲的身份的，所以教育至少还有一个确实可以达到的目标。但是在我们这里，尽管仍然存在社会等级，但是每一等级的人都在不断变化，谁都无法确定为特定的地位而教育自己的儿子会不会因此而害了他。

在自然秩序中，人人都是平等的，获取人性是他们共同的天职。无论任何人，只要很好地接受了这方面的教育，就不至于忽视履行与这种天职相关的职责。我的学生是做军人还是做教士，或是做律师，我并不介意。在从事他父母的职业以前，大自然就已经教会他认识人生了。学会生活，这才是我要教他的技能。从我的门下出去的，我承认，他既不是文官，也不是武人，更不是僧侣，他首先应该是一个人：一个人应该怎样做人，他就应知道该怎样做人，在危急时刻，而且不论对任何人，他都能尽到做人的本分。命运无法改变他的地位，他终生都将处在他的地位上。“命运啊，我对你早有防备，我已经把你俘虏，并且把所有一切你能够来到我身边的道路通通堵塞。”

我们要真正研究的应该是人的地位。在我们中间，谁最能容忍生活中的幸福和磨难，我认为谁就是接受了最好教育的人。至此，可以得出这样的一个结论：真正的教育不在于口训，而在于实行。其实，在我们开始生活之时，我们就已经开始教育我们自己了。可以说，我们的教育是与我们的生命一起开始的，我们的第一个教师便是我们的保姆。“教育”在古时还有另外一层含义，那就是“养育”，只是这层含义在现在已经不被我们所用了。瓦罗说："助产妇负责接生，乳母负责哺育，塾师负责启蒙，教师负责教导。"所以，教育、教训和教导，是三件不同的事情，它们的目的也像保姆、塾师和教师所担当的责任一样，是各不相同的。然而，人们并没有弄清楚这些区别。为了保证儿童接受到良好的教育，是不应该让他们只跟从一个向导的。

所以，我们必须普遍性地观察问题，我们必须把我们的学生看作抽象的人，看作无时无刻不受人生的偶然事件影响的人。如果一个人从出生后就固守在某个地方，如果季节不再更替，如果每一个人的命运永不改变，那么，从某种意义上说，现行的教育方法还是很好的。一个儿童为其命定的地位而接受教育，且永不脱离这种地位，因而也免于遭遇其他地位所带来的种种烦恼和不利。但是，鉴于人生的变幻莫测，鉴于这个世纪使我们这一代人为之茫然失措的动荡不安的精神状态，试想，还有什么事情比把儿童当作永远不出房门、时时刻刻都有人左右侍候的人来培养更为荒谬的呢？只要这个可怜的人挪动一步，只要他走一步下坡路，他就因此会被毁灭，当然，这并非要教他去受苦，而是要让他知道这种痛苦的存在。

自然的教育者

教育的关键

父母一心只想着如何保护自己的孩子，这还远远不够，而是要教育孩子成人后如何自我保护，教育他承受命运的打击，教育他蔑视富贵和贫困，教育他在必要时，在冰天雪地的冰岛上或者灼热的马耳他岩石上依然能够生活。尽管你劳心费力地想让他免于死亡，但那只是徒劳，他终究是要死去的。那时候，虽说他的死不是由于你的操心照料而造成，但是你所费的这一番苦心是可能被误解的。因此，教育的关键不在于防止他死去，而在于教会他如何生活。

活着，绝不仅仅意味着呼吸，而更意味着行动，意味着要充分运用我们身上的器官，运用我们的感觉，运用我们的才能，运用一切让我们可以感受到自身存在的各部分。生活得最有意义的人，绝不是在这个世上存活得最久的人，而是对生活感悟最深的人。否则，即使年满百岁才寿终而死，也与他一生下来就丧了命是没有区别的。如果一个人一直到临死的那一刻都未曾有过最有意义的生活，那么，他还不如在年轻的时候就走进坟墓好呢。

襁褓的束缚

我们的种种智慧都带有一些奴隶的偏见，我们的一切实践都在奴役、限制和束缚着我们。文明人在奴隶状态中出生，在奴隶状态中存活，在奴隶状态中死去，他一出生就被捆束在襁褓里；他一死去就被人钉在棺材里，只要他还保持着人的姿态，他就难免受到制度和习俗的制约。

据说，有些助产妇按摩新生婴儿的头，目的是为了使他有一个更适合的脑袋，而人们也容许她们这样做。

这也许是造人的上帝把我们的头做得不够理想，所以，要由助产妇来定它的形状，而由哲学家来定它的内容。在这一点上，加勒比人倒比我们要幸运得多。

婴儿刚从娘胎出来，正准备享受活动和自由伸展肢体时，就又有新的束缚加于其身上。人们用襁褓将其包裹着，把他放在床上保持固定的姿势：头固定在一定的位置，两腿伸直，两臂放在身子旁边，甚至还用各式各样的衣服和带子把他捆扎起来。如此一来，他连位置也不能挪动一下。如果人们能不把他捆得有碍呼吸，如果人们能够细心地让他侧躺着，让他将口中应该吐掉的口水吐出来，那他就算是幸运了！因为他这种姿势是不可能随意地侧过头来使口水容易吐出来的。

新生的婴儿是需要随意伸展和活动四肢的，以便使它们不再感到麻木，因为他们曾在娘胎里蜷缩成一团，已经麻木很久了。不错，人们确实是让他的四肢伸展着了，但是人们却没有让其自由活动，甚至还用头巾把他的头也包起来，似乎害怕他能活命的样子。如此一来，新生婴儿表现身体运动的内在的成长驱动力，遭受到了无法克服的障碍。孩子徒劳地挣扎着，耗尽了所有的体力，以致延迟了生长发育。即使在娘胎里，他也未曾像在襁褓里受到如此的限制、束缚和痛苦。我真的看不出出生之于他有任何好处。

人们将孩子的四肢束缚起来，以致他们不能活动，十分受拘束，这样会阻碍孩子的血液和体液的流通，妨害孩子增强体力和成长，损伤他的体质。因此，在不采用这些过分小心的养育方法的地方，人人都长得身强力壮，体形匀称协调；凡是用襁褓包裹孩子的地方，驼背的、瘸腿的、膝盖内弯的、患佝偻病的、患脊骨炎的，以及其他各种各样的畸形人随处可见。人们因为害怕自由活动会使孩子成为畸形人，结果却逼着孩子长成畸形人；人们为了防止孩子们残疾，却心甘情愿地使他们残疾。

如此残酷的束缚，又怎么会不影响孩子的脾气和性格呢？他们来到人世的第一个感觉，就是痛苦。他们所有必要的活动都受到了阻碍，他们比戴着手铐脚镣的犯人还要痛苦，他们徒然地挣扎、愤怒和号哭。孩子第一次发出的声音就是哭声，因为他们一生下来便遭受残酷的束缚，他们从父母那里得到的第一件礼物是锁链，他们受到的第一种待遇是苦刑。除了声音，孩子什么也不自由，他们怎能不用号哭来发泄他们的痛苦呢？他们之所以哭诉，是因为你们施加给他们痛苦。要是你们也这样被捆绑，也许比他们哭诉得更厉害呢！

如此荒谬的做法，究竟是从何而来的呢？这源自一种与自然相悖的习惯。母亲们无视她们肩上最为重要的职责，不愿意哺育自己的孩子，就把婴儿交给雇佣的保姆。这些保姆自知不是在哺育自己的婴儿，因此，母性意识无法被激发，于是，这些保姆便想方设法减少麻烦，节省体力、精力。自由自在的婴儿是需要时刻守护的，但把他们包裹起来以后，就可以随便将其放在任何地方，任由他们去啼哭，而不会给任何人带来麻烦。只要保姆对孩子的漠不关心不露痕迹，只要那吃奶的孩子不摔断胳膊或大腿，那么，即便是死了，或者终身成为一个虚弱多病的人，又有什么关系呢？人们这样做，一方面虽保全了孩子的手足，另一方面却严重损害了他们的身体状况，而且，不论对孩子的身心造成多大伤害，都不能算是保姆的罪责。

那些美貌的母亲摆脱了喂养婴儿的累赘，尽情地在城里寻欢作乐，却不知她们襁褓中的婴儿在乡村里正遭受怎样的虐待。当保姆稍忙一点的时候，她们对待孩子就像对待一包破衣服似的，随意将其搁在一边，置之不理。当她们不慌不忙地去做事时，那可怜的孩子就这样一直忍受着襁褓的折磨。这时，我们会发现，在这种情况下的孩子，其脸色往往呈现出青色，胸部被捆得紧紧的，其血液无法流通，于是血液便充斥到整个头部。人们误认为这个受苦的孩子很安静乖巧，其实是因为他已经没有哭泣的力量了。我不知道一个孩子在这种情况下能够存活多久而不至于丧命，不过，如果说这样能维持很久我是表示怀疑的。我想，这就是使用襁褓的最大的害处之一。

有人认为，如果让婴儿自由自在、无拘无束，他们便会做出一些危险的姿势，会做一些可以影响他们保持四肢美好形态的动作。这种虚假言论，从未经任何实验证实。在比我们通情达理的民族中，孩子们都是在四肢自由伸展的状态中成长起来的，在这些孩子当中，就从未见过一个受伤的或者残疾的，因为他们不会让自己的动作剧烈到威胁自身健康的程度，当他们不小心采取猛烈的姿势时，痛苦的感觉便马上会告诉他们应更换一种姿势。

刚出生的小狗或小猫从未被包在襁褓里，而谁也未曾见到他们遭受过任何危险！不得不承认，婴儿的确要更笨重一些，然而，相比之下，他们也更柔弱，几乎不能移动，他们又怎么能伤害到自己的身体呢？如果你让他们这样躺着，他们就有可能会在这种状态中死去，就像乌龟一样，永远也无法翻过身来。

一名母亲的责任

我曾经看见一些年轻的女人玩弄小聪明：她们假装愿意给孩子喂奶。她们明知别人是一定要她们抛掉这种奇怪的想法的，而她们却巧妙地让她们的丈夫、医生，特别是老太太，来干涉这种事情——如果一个丈夫竟然同意妻子给孩子授乳的话，他就会失去体面，别人会把他当成谋害妻子的凶手。谨慎的丈夫为了安宁度日，就必须牺牲对孩子的父爱。幸而你们在乡下能找到比你们的妻子更能自我克制的女人！要是你们的妻子通过这样做省下来的时间不是用于别人，而单单只用在你们身上，那你们就更幸运了！

女人们的责任是不容置疑的，然而，由于她们轻视这种责任，因此她们就争辩说，吃她们的奶与吃别人的奶对该子都是一样的。而我觉得，如果一个孩子从他的母亲的血液中感染新的病症的话，他倒是宁可吃健康的保姆的奶，而不吃那娇坏了的母亲的奶。

难道应该仅仅从体质方面来看这个问题吗？难道一个孩子需要母亲的关怀，不如他需要母亲的奶吗？当然，即使其他的女人，甚至畜生，也能让孩子吃到他的母亲不愿意给他吃的奶，但她们绝不会像母亲那样疼爱呵护孩子。一个能把奶给别人的孩子吃而不给自己孩子吃的母亲，就不是好母亲，而这样的人又怎能成为一个好保姆呢？

也许她们是能够变成好保姆的，但这必须要习惯来慢慢地改变她们的天性。所以，在保姆对孩子产生母亲之爱以前，那被照顾得不周到的孩子也许已经险些死过一百次了。

请保姆授乳的坏处，足以使一切重感情的女人不敢把自己的孩子交给别人去哺养，这种坏处是：她将把自己作为母亲的权利分给别人，或者说得更确切一点，让给别人；她将看着她的孩子跟爱她一样地爱另外一个女人，或者比爱她还要爱得更真诚一些；她将感觉到他对他的生母表现的那种恭顺只是一种礼数，而对养母的恭顺则是一种责任。因为，孩子在那里看到了一个母亲的苦心操劳，难道不应该对她表示作为子女的依恋之情吗？

她们为了消除这种害处，就教唆孩子轻视他们的保姆，把她当作真正的仆人看待。当保姆授乳的期限一到，她们就把孩子领回来，或者辞掉保姆。当保姆来看她哺养的孩子时，她们就对她不加理睬，这样就可谢绝她来看孩子了。几年以后，孩子就再也看不到保姆，再也认不得她了。这些母亲以为这样做自己就代替了保姆在孩子心中的地位，以为这种冷酷无情的办法就可以弥补自己的过失。实际上，她们想错了，她们不但无法让这个天性已变的孩子变成一个孝顺的孩子，反而让他学到了忘恩负义的行为。正如她们教孩子看不起用奶哺养他的保姆一样，她们同样也正在教他日后看不起自己的生母。

虽然女人们已经不再哺育自己的孩子了，但她们还是不满足，她们竟然连孩子也不想生，其后果是可想而知的。碍于母亲的职责的繁重，她们不久便想出了完全摆脱这种职责的办法：她们使自己所受的孕变成无用，以便重新怀孕，由此一来，她们就把繁殖人类的乐趣演变为对人类的残害。这种做法，再加上其他使人口减少的种种做法，已经向我们预示了欧洲未来的命运。它所孕育的科学、艺术、哲学和道德，即将把这片土地变得一片荒芜。它将来会是遍地猛兽，因为它无法彻底地改变居民的这种做法。

如果如此反复地空谈一些有益的问题不致令人那么丧气的话，我是多么愿意再详细地论述这一点啊！这关系到很多你无法想象的事情。你希望每一个人都能担负起他首要的职责吗？那你就要从那些做母亲的人开始，要让她们担负起她们的身上的职责来。由此引发的变化将让你感到万分惊奇。由于母亲的种种堕落行为，使整个社会的道德秩序都变了；人们的天性都泯灭了，家里也没有那种活泼的气氛了，一个新家庭的动人的情景再也系不住丈夫的心了，也不受外人的尊重了；人们看不见孩子，也就不那么尊敬孩子的母亲了；在家里再也住不下去了，习惯也不能增进血缘的关系了；父不父，母不母，子不子，兄不兄，妹不妹，大家都几乎不认识了，怎么能相亲相爱呢？每个人都只顾着自己。当家庭变成了一个凄凄惨惨的地方，那就需要到别处去寻求快乐了。

如果母亲们都能亲自哺育自己的孩子，那么，这种风气就会为之改变，自然的情感将被重新唤醒，国家的人口将因之兴旺。这是首要的一点，单单这一点就可使一切恢复。家庭生活的吸引力是抵抗社会坏风气毒害的最好解毒剂。孩子的吵闹和捣乱，由讨厌变成一件乐事；夫妻之间更加能感到彼此的需要，其关系也更为亲密。随着家庭成为快乐之所，操持家务就成了女人最可贵的工作以及丈夫最甜蜜的乐事。一旦女人们又担负起做母亲的职责，男人也就会立刻变回好丈夫和好父亲。

我所说的这些话都是多余的！因为一个对世间的快

乐已感到厌倦的人，是绝不会再感觉到家庭的快乐的。女人们一旦放弃了担负母亲的职责，她们将来也不会再重新担负这种职责，而且也不愿意担负这种职责。即使以后她们愿意担负这种职责时，她们也很难能够担负得起来。

今天，母亲不亲自授乳的风气虽然已经形成，但是，偶尔也可以见到一些天性善良的年轻女人敢于抗拒这种不良风尚，敢于抗拒大多数女人反对的声音，以坚忍不拔的勇敢精神去完成自然赋予她们的极其高尚的使命。但愿这样的女人由于担负起神圣使命而得到的益处会吸引更多的女人参与其中！根据最简单的道理得出来的结论，根据我从未见过任何人曾加以反驳的事例，我郑重地向这些令人尊敬的母亲们保证，保证她们将得到她们丈夫矢志不渝的爱情；保证她们分娩顺利，毫无痛苦和不良后果；保证她们身体健康，精力充沛；保证她们将得到她们孩子真诚的孝顺；保证她们将得到公众的尊敬；最后，还保证她们终有一天将高兴地看到自己的女儿以她们为榜样，并且被推崇为他人女儿学习的典范。

母子之间的义务是相互的，母不母，则子不子。如果一方没有尽到应尽的义务，则另一方也不会很好地履行自己的义务。孩子只有知道了应该爱自己的母亲，他才会爱她。如果母子的血亲之情得不到习惯和母亲养育的加强，那么，它在孩子出生几年后就会自然泯灭。这样一来，对于孩子养育的开头几步就脱离了自然。

不要过于娇惯孩子

当一位母亲过于关心孩子时，她便脱离了自然，她往往会把孩子变成自己的偶像。她为了不让孩子感觉到自己的娇弱，却把孩子养育得更加娇弱，她希望他免遭危险，远离种种艰苦，可她没有料到，由于她一时使他少受一些磨难，却在遥远的将来把更多的灾难和危险积累在他的身上。她没有料到这种谨小慎微的做法是多么残酷，它将使孩童的娇弱持续延长，直至成年后也无法忍受种种苦难。有一则寓言说，太提斯为了使自己的儿子成为一个刀枪不入之人，便将他浸入冥河的水里。这是一则寓意很清晰的好寓言。可是，我所说的那些残酷的母亲，她们的做法却恰恰相反：她们把孩子沉浸在温柔舒适之乡，这实际是在为他们准备苦难；实际上是让孩子身上的毛孔张开，让疾病侵袭，等他们长大的时候，使他们成为这些疾病的侵袭对象。

顺其自然，遵循着它给你指示的道路前进吧！自然在时时刻刻地锻炼着孩子，它用各种各样的考验来磨砺他们的意志，它教他们从小就认识到什么是努力和痛苦。出牙时，使他们发烧；肠腹疼痛时，使他们产生痉挛；咳嗽厉害时，使他们喘不过气来；肠虫折磨他们；多血症败坏他们的血液；各种各样的酵素在他们的血中发酵，引发危险的斑疹。在婴儿时期，他们几乎是在疾病和危险中度过的。一旦通过了这些考验，孩子便获得了力量。

这就是自然的法则。一旦你违反了这个法则，结果毁坏的是自然之子（孩子），也摧毁了你对孩子关心照料的成效，这一点，你到现在还不明白吗？在你看来，自然对孩子的危险在室外要高于室内，可是相反，这是在分散危险、减少危险。实践证明，娇生惯养的孩子更容易死去。只要我们不让孩子去做超越自身能力的事情，那么，让他们使用体力比让他们爱惜体力的危险系数还要小一些。因此，要磨炼他们经得起将来必然要面临的苦难的意志。要锻炼他们的身体，使他们能够忍受酷热的季节、气候和风雨，能够忍受饥渴和疲劳，把他们浸在冥河水里吧！

在孩子身体的习惯未形成以前，你可以毫无顾忌地让他们养成你所喜欢的习惯，然而，一旦他们形成了固定的习惯，这时，如果你想再做任何改变的话，对他们来说就是极其危险的了。一个孩子可以忍受一个大人不能忍受的变化，因为孩子最初的性情是柔和易导的，你不必太费力气就可以让他养成我们想要给他确定的类型。而成人的性情则比较执拗，只有花大气力才可以改变它已经形成的类型。所以，我们应在孩子生命和健康不受任何威胁时，就将他培养得十分健壮。哪怕存在一定的危险，你也不必犹豫。因为，既然这些危险与人生是密不可分的，那么，除了在他人生当中趁它们危害最小的时候就将其抛掉，还有什么更为妥善的办法呢？

孩子会随着年龄的增长而变得越来越珍贵。除了他自身价值，还要加上别人为了照顾他而花费的种种精力；除了丧失他的生命，还要加上我们对他死亡的伤感。因此，在百般呵护他的同时，还特别要考虑到他的将来。为了让孩子能够承受住青年时期的苦痛，就必须在这之前先把他武装起来，因为如果说在他达到能够利用生命的年岁以前，生命的价值在持续增加，那么，在童年时使他少受一些苦痛，其结果却使他在达到有理性的年龄时遭遇更多的痛苦，这个教育方法岂不愚蠢！难道说这就是教师的教育？

人的命运是随时都要遭受痛苦的。对孩子的悉心照料，其本身就是同痛苦相关的。幸而他在童年时候所遭遇的仅仅是身体上的痛苦而已，这同其他的痛苦相比，并没有那么残酷、悲哀，而且，与那些使我们产生绝命念头的痛苦相比，还是极少的。一个人是绝不会因为患痛风症而选择自杀的，唯有心灵的痛苦才能使人真正灰心失望。我们在同情儿童命运的同时，更应该同情的却应该是我们自己的命运，因为，我们人生中的灾祸都是我们自己亲手酿成的。

最初的自然本性

孩子从出生时就会啼哭，他的整个婴儿时期就是在啼哭中度过的。为了阻止其哭闹，使其安静下来，人们有时安抚他，有时又吓他、打他。不是我们的所为是为了取悦他，就是他的所为是为了取悦我们；不是我们顺从他的一时奇想，就是他顺从我们的一时奇想：折中的办法是不存在的，不是他命令我们，就是我们命令他。如此一来，他首先获得的观念就是统治和奴役。在他还不会说话时，就在支配人了；还不会行动时，就在服从人了；有时他还没有能力意识到他的过失时，人们就已经惩罚他了。人们就是这样很早地把这些情绪灌输到孩子幼小的心灵中，以后却又推说那是天性使然；努力把孩子教坏之后，却又抱怨他怎么变坏了。

一个孩子若是在这种女人手中度过六七年时光，那么，他会成为任性奇想的牺牲品；她教他这样和那样，在他的脑子里灌输了一些他不明白的语言或对他毫无益处的事物，用人为培养的情感窒息和扼杀他的自然天性，然后教师再来教育这个人造的不自然的孩子。教师可以教给他一切知识，但就是不教他如何认识自己，不教他如何利用自己的长处，不教他如何生活以及如何获得幸福。最后，当这个既是奴隶又是暴君的儿童，这个满腹学识但不具理性、身心柔弱的儿童被投入社会，暴露其愚笨、骄傲及种种恶习时，我们就会为人类的苦痛和堕落感到悲哀。但是，你们错了，这个人不过是你们奇想的产物，自然人绝不是这样的。

因此，如果你希望保持孩子最初的自然本性，那么，你就要在他出生的那个时刻就去保持它。从他一诞生开始，你就一定要亲自哺育他，在他成年之前，都不要放弃他。否则，你是绝对不会成功的。

父亲是最好的教师

如果说，真正的保姆是母亲，那么，真正的教师便是父亲。希望他们能在尽责和采取具体做法方面配合一致，希望孩子能从母亲的手里顺利转到父亲的手里。孩子由明理有识而心眼偏窄的父亲培养，也许要好于世界上最能干的教师，因为热情可以弥补才能的不足，这要胜过能力对热情不足的弥补。

可是，还有许多的事情、工作、职责……啊！关于职责，毋庸置疑，做父亲的职责应该是最后才要考虑的！我们无须惊奇，为人妻子如果不愿意哺育她与丈夫的爱情结晶，则她也就会懒于对自己的孩子进行培养。在这个世界上，再没有什么图画比家庭这幅图画更感人至深的了，但是，只要其中少画那样的一笔，整个画面也就会因此变得糟糕。如果说母亲因身体差而不能哺育孩子，父亲则因太过忙碌也不能教育孩子，孩子们就会远离家庭，有的住在寄宿学校，有的住在教会女子学校，有的住在公立学校，他们把自己的家庭之爱带到其他的地方去了，或者说得更清楚一点，他们把不爱任何人的习惯带到家里来了。兄弟姊妹也会因此染上父母的这种习惯，彼此都会很生疏。当他们拘泥地聚在一块儿的时候，他们都会表现得非常客气，把彼此都当作外人看待。只要父母之间没有亲热的感情，只要一家人的相聚不再使人感到生活的幸福，不良的道德就势必要填补这些空缺了。

难道说真有人竟然愚蠢到看不出其中的端倪吗？

父亲生养孩子，只是完成了其任务的三分之一。他对人类有生育人的义务；他对社会有培养社会人的义务；对国家有造就公民的义务。凡是仅偿付这三重债务而不履行其责任的人，就是罪人，要是他没有偿付全部，那么，他的罪责也许更大。

我们不能借口贫困、工作或关注公共舆论而推卸自己亲自养育孩子的责任。亲爱的读者，请你相信我，一个人即使有再重大的事情要做，如果他忽视了自己身上的神圣职责，我也可以断定，不久的将来，他将为自己的错误流下很多辛酸的眼泪，而且永远也无法弥补。

对一个富人，一个如此忙碌的一家之长，一个据说是被迫放弃养育孩子责任的父亲来说，能采取怎样的做法呢？那就是，用钱雇佣他人来代替自己完成所应担负的责任。你这个满身铜臭味的父亲，你以为这样就可以为你的儿子找到另一个父亲了吗？无论如何，不要犯这样的错误！你用金钱雇佣的这个人，不是教师，只是一个奴仆而已。用不了多久，你的儿子就会被他培养成第二个奴仆。

一个好教师应该具备哪些品质，人们对这个问题往往讨论得很多。在我看来，作为一个好教师最为根本的品质就是，他绝不可以是一个被雇佣的人。有些职业是如此高尚，以至于为了金钱而从事这种职业的人就不配从事这种职业。教师这一职业就是这样。那么，“究竟由谁来教育我的孩子呢？”我来告诉你：“只有你自己。”如果你不能教，那就找一个朋友来代替你。此外，别无他法。

作为一名教师，应该是多么高尚的人！事实上，为了要造就一名好教师，他本人就应该是做父亲的或者是更有教养的人。如此重要的职责，你竟然放心交给那些为金钱而工作的人。

关于这方面的问题，我们越是深入思考，就越会发现一些新的困难。教师必须受过教育，才能教育他的学生；仆人必须受过教育，才能为他的主人服务。所有接近学生的人都必须首先获得他们将要传授的种种印象，必须受了一层又一层教育，一直到谁也不曾达到的境地为止。如果连教师本人都没有受到良好的教育，又如何教育孩子呢？把孩子交给一个连他本身都没有受过良好教育的人培养，又怎能培养得好呢？这样一个难得之人究竟能否找到呢？我无法确定。在这个堕落的时代，谁又能知道一个人的灵魂究竟能高尚到什么程度呢？

现在，我们假定这样一个出类拔萃的人已经找到了。

那么，首先就要考虑应该让他做些什么，这样才能确保他变成我们所希望的人。我确信，我甚至可以做出这样的预见：一个父亲如果能够认识到一个好教师的全部价值所在，他将毅然决定不聘用任何教师。因为，他为了找到这样一个教师所耗费的精力，远远要比他自己做教师所耗费的精力多得多。因此，他甘愿做一个朋友，也甘愿培养他的儿子做朋友，这样就不必费力去其他的地方寻找教师了，而且这样一来，大自然已经帮他把教育的工作完成一半了。

教育的开始

保持自然习惯

尽管婴儿出生后就具备学习能力，但是，由于他的心灵被束缚在尚未发育完善的器官里，对什么都无法辨别，甚至对它本身的存在也丝毫感觉不到。关于初生婴儿的动作和啼哭，纯粹是自然性的，根本不存在意识和意志。

假设一个孩子在出生的时候就具备成人的身材和体力，假设在他出生的时候就从母腹中带来了种种的装备，就像帕拉斯从丘比特的脑壳里跳出来时就带着武器那样，那么，这个小大人将会成为一个十足的傻瓜、一个机器人、一个没有知觉和活动能力的铸像：他看不见任何东西，听不到任何声音，不认识任何一个人，也不知道把眼睛转过去看他所需要看的东西；他不仅看不见他身体以外的任何东西，甚至感觉器官促使他观看的东西，他也不能将其反映到感觉器官里去；他甚至不知道他有一个身体，他的手接触到什么东西，他脑子里才会存在什么东西；他的一切知觉都集中于一点，而且只存在于共同的“感觉中枢”里；他的脑海里只有一个观念，即“我”的观念，他让所有的知觉都要符合这个观念，而这个观念，或者说得更为确切一点，也许就是他比一个普通儿童具备的唯一多的能力。

由于这个人是一下子就长大成人的，因此他也不会用两脚站立。他需要用很多的时间去学习如何站得平稳，也许他连试站一下都不会，你们将会看到，这个高大强壮的身躯只能像石头那样待在原地不动，或者像一只小狗似的匍匐爬行。

身体的需要将使他备受折磨，然而他又不知道自己究竟需要什么，也想不出任何方法去满足自己的需要。在他的胃和手足的肌肉之间，没有任何直接的联系，因此，即使在他的周围布满食物，他也不知道主动向前迈一步或伸出手去拿取；由于他的身体已经发育完全，他的四肢也已经充分发达，而且他也不像婴儿那样不停地动，所以，也许在他还没有开始寻找食物之前，他就已经饿死了。只要稍加回忆我们获得知识的次序和进度，我们就无法否认，一个人在没有获得自己或者他人的经验以前，他天生的无知和愚昧的原始状态大概就是如此。

人们应该认识到，每一个人都应该从第一点做起，才能达到通常的理解程度，但是，谁又能知道终点在哪里呢？每一个人的进步程度如何，这要看他的天赋、兴趣、需要、才能、热情及他所把握的机遇。我还没听过哪一个哲学家竟敢如此大胆地说："一个人只能达到这个极限，他便再也无法超越了。"我们预测自己的天性允许我们成为怎样的人，我们当中任何人都没有测量过这个人与另一个人之间的差距。人的灵魂竟堕落到永远也激发不起这样的思想的程度，甚至都不敢骄傲地对自己说："我已经超越那个尽头了！我还可以达到更高的境界！为什么让与我同等的人比我走得还远呢？"

我再次强调一下：人的教育在他诞生之日就已经开始了，在能够说话和听人说话以前，他就已经受到教育了。经验是先于教育的。在他认识自己的乳母之时，他就已经获得了很多的经验。如果我们追溯一下最粗野之人从出生到他长到现在的成长进程，我们就不得不对他的知识之多深感惊奇。如果我们将知识分为两种类型，一类是所有的人共有的，另一类是学者特有的，那么，将两者相互对比，后者就会显得微乎其微。可是，通常情况下，我们是不太注重我们所获得的一般性的知识的，因为它们是在我们不知不觉之中甚至是在未达到有理智的年龄以前就已经获得的。此外，学问之所以受到重视，只是因为它的独特之处，这正如在代数方程式里一样，公有数是不加计算的。

甚至动物也能学会很多的东西。它们有感觉，必须学会运用它们的感觉；它们有各种需要，必须学会满足它们的需要；它们必须学会吃东西、走路、飞翔。四足动物刚出生就能站立，但是这并不意味着它们就知道如何行走，从它们开始走的步态来看，就可以看出它们只是在做没有把握的尝试而已。从笼门逃出的金丝雀是不会飞翔的，因为它从来没有飞过。对于有生命和有感觉的生物来说，所有一切都是对它的教育。如果植物能够向前行动，它们就必须具有感觉，必须获得知识，否则，它们的种类很快就会消失。

孩子们最初的感觉完全是感性的，他们只能感觉到快乐和痛苦。由于他们既不能走路，又不能拿东西，因此他们需要很长时间才能对物体外在形成表征性的感觉；但是，当那些时而进入、时而离开他们视线的事物，以不同大小和形状呈现出来的时候，感性的感觉又反过来支配他们的习惯；我们发现，他们的眼睛习惯转向阳光，如果光线是从旁边射来的，他们的眼睛也会随之转到那个方向，以致我们想方设法使他们的脸背向阳光，以免他们养成侧视的习惯或变成斜视眼。同样，也应当尽早使他们习惯于黑暗，否则，他们在黑暗中就要哭叫。过于严格地规定婴儿的饮食和睡眠，会让他们养成每隔一定时间，就必须饮食、睡觉的习惯。不过，这不是出于自然需要，仅仅是习惯而已，这是必须加以注意的。

应该让孩子具有的唯一的习惯，就是不要让孩子染上任何习惯：不要经常用一只胳膊抱孩子；不要让他习惯于使用一只手；不要到了固定时间就想吃、想睡、想动。应该尽早让他学会支配他自己的体力和自由，让他的身体保持自然的习惯，使他尽早地按照自己的意志行事，使他经常能自己管自己，只要他想做什么，就应该让他做什么。

锻炼胆量

一旦孩子产生了辨别能力，就要对给他的东西加以选择。当然，一切新事物他都会感兴趣。不过，他会因为觉得自己柔弱，以致凡是陌生的东西，他都会产生恐惧感。如果孩子养成了看到新事物而不受外在情绪影响的习惯，这种恐惧感就可以克服。孩子从小生活在没有蜘蛛的房子里，就会害怕蜘蛛，甚至长大以后，这种惧怕心理依然存在。我从未见过乡下人害怕蜘蛛，无论是男子、女人还是小孩。

既然只凭我们选择给孩子看的东西，就足以让他变成一个胆小或勇敢的人，那么，为何不在他开始说话和听话以前就对他进行教育呢？要让孩子习惯于看新鲜事物，看丑恶的和讨厌的动物，看稀奇古怪的东西，但是，要先让他从远处看，然后再逐渐靠近，直到最后习惯看这些东西。并且，还要从看别人玩弄这些东西，到最后自己有胆量去玩弄这些东西。如果在童年时期看见蟾蜍、蛇和大海虾都不害怕，那么，等到他长大以后，不论看见什么动物，他都不会害怕。因为每天都看见可怕的事物的人，习惯了之后就不觉得它们可怕了。

所有的孩子都会害怕面具。我在刚开始时拿一个模样好看的面具给爱弥儿看，然后让一个人戴着这个面具站在他面前，于是，我就冲着面具开始发笑，在场的所有的人都这样冲着面具笑，孩子也就跟着大家笑起来了。渐渐地，我就让他习惯于看一些模样比较丑陋的面具，最后看模样凶恶的面具，如果我将这个进度安排适当，那么，到最后一个面具的时候，他不但不害怕，反而会像看见第一个面具那样笑起来。从此以后，我就不必担忧别人用面具来吓他了。

当赫克托耳向安德洛玛克告别的时候，小阿斯塔纳克斯被他父亲头盔上飘动的羽饰吓到了，于是，就不认他的父亲，哭哭啼啼地向乳母的怀里扑，这使他的母亲含着眼泪苦笑起来。应该如何消除孩子的这种恐惧呢？赫克托耳是这样做的：他先把头盔放在地上，然后去逗弄孩子，在孩子稍稍安静下来的时候，赫克托耳便走到头盔那里去玩弄头盔上的羽毛，并且让孩子也过来玩弄。最后，如果一个女人敢用手去拿赫克托耳的兵器的话，乳母便走过去把头盔拿起来，笑着把它戴在自己的头上。

如果说想要让爱弥儿听惯枪声，我就先在短铳里点一个信管，这突然点燃而眨眼即灭的火焰以及这闪光，将使他感到无比欢喜。紧接着，我又多加一点火药，再重复去做一遍。我逐渐地用短铳发射少量的没有弹塞的弹药，然后再去发射较多的弹药，最后我就能够使他习惯于长枪、臼炮和大炮的射击及最令人恐惧的爆炸了。

我发现，孩子几乎不怕雷声，除非那霹雳的声响确实可怕，确实会伤害他的耳朵。只有当他知道雷有时可以伤人或使人丧命时，他才会产生惧怕心理。当感官认识使他产生恐惧时，我们就要借助习惯来消除。只要循序渐进地培养，孩子就可以做到对一切都无所畏惧。

培养记忆力

在生命初始阶段，由于记忆力和想象力尚处在沉睡状态，孩子只会注意能对他的感官有影响之物。感觉是孩子获取知识的主要原料，所以要按照适当的次序使他产生感觉。这就需要培养他们的记忆力，使它将来能按同样的次序把这些原料提供给他的理性。但是，由于他们只知道注意自己的感觉，因此就需要清楚地给他们指出这些感觉和形成这些感觉的事物之间的联系。他们什么东西都想去摸一摸、弄一弄，总是动个不停。这时，你不要去阻止他们，因为他们正是通过对视觉和触觉的比较才学会感知事物的冷热、软硬及轻重，判断它们的大小、形状及所有能够感觉出来的性质。他们只有通过行动，才知道有些东西与他们不是一体的；他们只有通过行动，才能明白远近的概念。

孩子因为没有远近的概念，所以不管物件是近在咫尺或是距他们百步之遥，他们都会不假思索地伸手去拿。他们是那样用力，以致在你看来他们是在命令物件来到自己身边，或者是命令你把它拿到他们身边。其实不是这样的，只是因为他们觉得这个物件伸手即可触及。因此，要带孩子经常走动，将他们从一个地方带到另一个地方，让他们感觉到位置的变换，从而使他们学会判断距离的远近。当他们开始能够辨别远近时，你必须抱他们去你喜欢去的地方，而不是他们喜欢的地方。因为一旦他们的感觉准确，他们行动的原因也会随之改变，这种改变是值得引起注意的。

如何应对啼哭

当别人的帮助对于满足需要的孩子来说，成为一种必然需要的时候，那么，由于这种需要而产生的种种不舒服的感觉，就要用信号表达出来。孩子之所以会啼哭，正是这个原因。他们哭的时候会很多，这是再正常不过的。由于他们的感觉是感性的，因此，在他们感到舒适的时候，他们就会默不作声地去享受，而一旦他们觉得不够舒适的时候，他们就要用自己的语言表达出来，要别人帮助他们解除痛苦。只要他们是醒着的，他们几乎就不能够处在无感觉的状态。除非他们是睡着的，否则，他们就会有所感受。

人类所有的一切语言都是艺术品。长期以来，人们一直在探寻一种人类共同的自然语言。毋庸置疑，这样的一种语言是存在的，那就是孩子们在懂得说话以前所使用的语言。这种语言并不是读清音节所发出来的，但他们的声音是抑扬的、响亮的、可以被人理解的。由于孩子们逐渐使用了我们的语言，就使我们忽视了这种自然语言，竟至淡忘了。如果我们对孩子们的自然语言进行研究，马上就会从他们那里重新学会这种语言。乳母就是教我们学习这种语言的老师，她们对于自己所哺育的乳儿所说的一切话，都能够做出回答，她们和孩子们都能清楚地了解对方的谈话。虽然她们说的只是一些字眼，但这不是毫无用处的。因为孩子们听懂的，并不是这些字眼的意思，而是字眼的声调。

除了声语，还有手势语，其效力并不差于前者。但是，这种手势并不是在孩子们柔弱的手上表现出来，而是在他们的脸上表现出来。在这些尚未发育完全的脸上竟然存在表情，这十分令人惊异。他们的面貌以超乎你想象的速度随时变化着，你可以在他们的脸上看见微笑、欲望及恐惧如闪电般出现，又如闪电般消逝，每一次变化都会让你觉得你所看到的是另外一个面孔。他们面部的肌肉远比我们面部的肌肉灵活得多，然而，他们的眼睛却表现很迟钝，几乎没有任何表情。在他们所处的那个年龄，只有物质的需要，所以他们所传达的信号应该是这样一种形式：感觉在脸相上表现，而感情则在目光上表现。

由于生命之初处于一种艰难和柔弱的境地，因此啼哭就成为他最初的言语表达形式。婴儿感觉到自身的需要，自己却又无法满足，于是便通过啼哭来恳求他人的帮助；他饿了或渴了，会啼哭；他冷了或热了，会啼哭；他想要活动，却又被阻止，就会啼哭；他想睡觉，却又不让睡觉，就会啼哭。他之所以仅用一种语言（啼哭），是因为他感到了不舒服。由于他的身体器官尚未发育完善，他还不能辨别不同感受，一切不如愿的事情，对他来说都会有一种痛苦的感觉。

但是，正是这种我们很少关注的啼哭声使他和他周围的一切环境产生了最初的关系，构架社会秩序的那条长长的锁链的第一环就是在这时形成的。当孩子啼哭时，我们要对其进行探究，尽力满足他的需求。如果能够满足他的需求，他就会停止啼哭；如果我们没能够满足他的需求，他就会继续啼哭，于是我们拍他、哄他，想让他安静，摇他或者唱歌催他入眠；如果他还是啼哭不止，我们就会厌烦了，甚至会威吓他，粗暴的保姆也许还会打他。不良的教育就这样开始进入他的生命。

在那些令人讨厌的哭闹的孩子当中，我曾经看见有一个孩子就是这样被保姆打的，这件事情，我一直记忆犹新。孩子被打后马上止住哭声，我以为他是被保姆吓到了。我心想，这个孩子将来也许是一个奴隶成性的人，只要采取严厉的手段就可以逼迫他干任何事情。然而，完全出乎我的意料，这个挨打的孩子憋着一肚子愤怒，连呼吸都显得困难，我看见他的脸都变得紫青了。过了一会儿，他终于大声地哭起来。这个时候，他所有一切的怨恨、愤怒和失望，都在那高昂的哭声中表现得淋漓尽致。我担心他如此激动会被气死。如果说，我曾怀疑过人类的心中是不是天生就存在正义感和非正义感的话，那么，这个例子就足以使我消除我心中的疑虑。我相信，如果有一块炙热的炭偶尔掉在这孩子的手上的话，也许他觉得还没有像轻轻地，然而是存心侮辱地打他一下那样让他觉得痛呢！

对于孩子这种易于愤怒的性情，我们需要认真对待。孩子开始哭的几声，是一种请求，如果你不予理睬，他们马上就会变成命令。他们的啼哭，以请求别人帮助他们开始，以命令别人服侍他们告终。这种由于他们本身的柔弱而产生的依赖感，使其滋生了驾驭和使役别人的想法。只是这种想法的产生不是由于他们的需要，而是由于我们的服侍。这使我们开始发现了道德影响的直接原因并非产生于自然天性这一现象，这也让我们认识到，在孩子生命的一开始就必须辨别出他们做各种表情或发出不同的哭声的秘密意图。

当孩子一声不响地用力伸手时，由于他不能估量他与他想拿的东西之间的距离，因此他以为自己可以拿到那个东西；但是，当他边哭边伸手时，那就不是他弄错了距离，而是在命令那个东西到他那里去，或者命令别人把那个东西拿给他。

第一种情形下，你可以慢慢将他抱到他所要的东西那里；在第二种情形下，你就要假装没听见，无论他怎么哭，你都不要搭理他。必须尽早让他养成这样一种习惯：即不要命令人，因为别人不是他的奴隶；也不要命令东西，因为东西不会听命于他。因此，当孩子希望得到他所看见的或别人准备拿给他的东西时，最好把他抱到这件东西那里，而不要把东西拿到他身边，这样可以让他就此得出与他年龄相适应的结论。此外，再无任何办法使他明白这一点。

生命力的表达

破坏倾向并非本质邪恶

圣皮埃尔神父曾经将成人称为“大孩子”，我们也可以反过来把小孩称为“小大人”。这样的称谓，作为箴言来说有它的真实性，但作为原理就需要详加解释了。但是，霍布斯将坏人称为“强壮的孩子”时，他的这种说法简直就把事情说反了。所有一切的坏事都来源于自身的柔弱，孩子之所以淘气，就是因为他自身的柔弱。假使他的身体强壮有力，他就会变成一个事事都能干的人，绝不会做任何恶事。在万能的上帝的一切属性中，如果没有善这个属性，就很难想象有上帝。凡是承认两个原理的人，总是认为恶不如善，如果没有这种认识，人们就会做出荒谬的假设。

只有理性才能教导我们如何分辨善恶。让我们拥有喜善恨恶的良心，尽管它独立于理性，但没有理性就无法发展。在达到具备理性的年龄之前，我们为善和为恶并非出于认识，我们的行为也无所谓善恶，尽管有时候我们能在感情上对别人涉及我们的行为分辨出善恶。

孩子总想对他所看见的一切一探究竟：凡是他能拿到的物品，他都会把它弄得粉碎；他像捏碎一块土块一样捏死一只小鸟，他还不知道自己竟残害了一条小生命！哲学家认为这是人类天生的罪恶如骄傲、好胜、自私及邪恶在作祟。再者就是，因为孩子感到自身的柔弱，所以他渴望做一些能够体现力量的动作，来证明自己的强大。可是，请看一看那些衰弱多病的老年人，由于人的生命的循环性，使得他们又回到了孩子们最初那样的柔弱状态，他们不仅是经常一动不动、安安静静地待着，而且他们还喜欢自己周围的一切也是那样平静，哪怕是一些小小的变动，也会使他们感到局促不安，他们希望看到宇宙万物都能保持那样的宁静。如果起因没有改变，为什么与同样欲望相联系的同样软弱在老人和小孩之间会产生截然不同的结果呢？如果不是由于老人和小孩的身体状况不同，那么，又到什么地方去寻找这种变化的原因呢？就生命的活力说，这两种年龄的人都相同的，然而这种活力在孩子的身上正在逐渐发展壮大，而在老人的身上正在消逝灭亡；一个在成长，一个在毁灭；一个是走向生活，一个是趋向死亡。聚集在老年人心中的活力，正在日益衰退；而聚集在孩子的心中的活力，却变得越来越活跃起来。

至于他做什么或不做什么，都无关紧要，只要他能改变事物的现状就够了，所有的改变都体现了他的行动和力量。如果说他破坏的倾向较多，也不是因为他本质邪恶，而是因为建设性活动总是迟缓的，破坏活动则比较迅速，这也更适合于他此时的生命活力的状态。

偏见和个人见解的根基

尽管造物主将这种生命活力赋予了孩子，但却没有赋予他们更多的力量来使用这种活力，以免造成危害。但是，一旦孩子把周围人都视为使用工具，依赖周围人去进行活动，那么，他们就会利用这些人去满足自己的欲望，以弥补自身力量的不足。过不了多久，他们就会感觉到，用别人的手去行动，只消动一下嘴就可以役使万物，这是多么轻松的事情！这就是他们变得讨厌、蛮横、无礼、邪恶及不服管教的原因。但是，这种治人心理的产生和发展，不是天性使然，而是后天形成的。因为，并不需要太长时间积累经验，他们就会觉察到，使唤别人的手去为自己干活，只消动一动嘴就可以了，这是多么惬意的事情。

孩子长大后，他们就获得了力量，就不再像以前那样扰攘不安，而是更能克制自己。但是，役使他人的欲望，并没有随着力量的增强而消失。驾驭他人的心理唤起并助长了他的虚荣心，而习惯又加强了这种虚荣心，这也使得一些幻想怪念随之产生。这时，偏见和个人的见解就扎下了最初的根。

保持自然性的四个准则

一旦明白了这个原理，我们就可以明确应该遵循什么样的准则，才能使我们沿着自然所指示的道路前进，而不偏离自然道路。

第一，孩子没有足够的力量来满足大自然对他们的要求，所以，必须让他们使用大自然赋予自己的一切力量，而且他们是不会随便滥用这些力量的。

第二，一切生理需求，不论是在理性还是体力方面，都必须对他们进行帮助，以弥补他们的不足。

第三，对孩子的帮助，应当只限于他们的真正需要，绝不能依从他们胡乱的想法和没有道理的欲望，因为这些想法和欲望并非源于自然，即使不被实现，孩子也不会有多痛苦。

第四，应该仔细研究他们的语言和动作，以便在他们还不知道佯装的年龄时，就能辨别他们的欲望是直接由自然产生的还是由心里想出来的。

这四个准则的主旨是，多给孩子一些真正的自由，尽量不让他们养成驾驭他人的思想，锻炼他们自己多动手，少驱使别人替他们做事。这样，就能尽早让他们养成习惯，他们就会把自己的欲望限制在力所能及的范围内，不会再为他们力不从心的事情吃尽苦头。

在此，我们又找到了一个十分重要的新的理由，来说明只要不让孩子有跌倒的危险，不让他们去接触一切可能会伤害到他们身体的东西，我们就应该尽可能地让他们的身体尤其是四肢保持绝对自由。

身体保持自由的孩子，一定会比被束缚在襁褓里的孩子少啼哭。知道身体需要的孩子，只有在经受痛苦时才会哭，这极具好处。因为这样，我们可以明确地知道他究竟何时需要帮助，而且，如果条件允许的话，可以马上就给予他帮助。但是，如果你不能够立即消除他的痛苦，你就应当保持镇静，切不可使用抚弄的办法让他止住哭声。你对他的宠爱不仅无法医治他的肚子痛，反而让他懂得如何获取你的宠爱，一旦让他知道你可以任他摆布，他就会以你的主人的姿态去尽情使唤你，这样之前所做的一切努力就都前功尽弃了。

孩子们在活动中受到的阻碍越少，他们啼哭的时候也越少。你越是厌烦孩子们的啼哭，你就越会因为想方设法阻止他们啼哭而自讨苦吃。你少去恐吓或者娇惯他们，他们也就不会那样胆怯或者倔强，也就能够因此而更好地保持他们的自然状态。正是因为我们没有在孩子们哭的时候任由他们去哭，而是一听见他们的哭声就殷勤地去抚爱他们，所以才使他们更加肆无忌惮地去啼哭。我得出的结论是：不受管束的孩子，是不会像其他的孩子那样爱哭的。我坚决反对大家因此就放任孩子不管了，相反，你应该在孩子啼哭之前就要预料到他们想做些什么，不要等到他们哭起来的时候才去探究他们的需要。但是，我也不愿意使大人误解了对孩子的关心照料的方法。因为，孩子们一旦知道他们啼哭的诸多好处以后，他们为什么不采用这种办法呢？当他们知道，你为了阻止他们啼哭而必须付出代价的时候，他们不会随便要一点补偿就敷衍了事的。到最后，他们索取的代价如此之高，以致你负担不起。如此一来，如果他们哭了一阵也无法达到目的，他们就会拼命地哭，以致声嘶力竭，甚至哭死为止。

一个孩子如果长时间地哭个不停，其原因既不是因为受到了束缚，也不是因为生病或需要什么东西，而是由于习惯或执拗的脾气。这并非大自然的作品，而是由保姆在养育的过程中造成的，因为她不知道对孩子的一再啼哭要加以忍耐，所以，结果反而使孩子啼哭的时间更长。她更没有想到的是，她今天虽然使孩子不哭了，但却导致了孩子明天哭得更凶。

唯一能够纠正或防止这个习惯的办法，就是任由孩子去啼哭，无论如何你也不去理他们。谁也不喜欢做无用功，就连孩子也深知此理。孩子们在开始尝试的时候，态度是很坚决的，但是，如果你们坚定的程度比他们倔强的程度还要大，他们就会因此打消这个念头，再也不会对你来这一套了。这样，你们就可以减少他们啼哭的时间，使他们养成良好的习惯，最后使得他们只有在真正痛的时候才哭出来。

此外，在他们由于胡闹或倔强任性而啼哭的时候，还有一个可以阻止他们继续哭下去的办法，那就是：用一个好看和吸引人的东西去分散他们的注意力，使他们因此而忘记了啼哭。大多数保姆都通晓这个艺术，如果做得适当的话，是极为有用的。但最重要的是，不要让孩子发现你们是有意分散他们的注意力，要让他们在玩的时候看不出你们是在注意他们，保姆笨就笨在不能做好这一点。

断奶不宜过早

几乎所有的孩子断奶时间都太早。什么时候长牙，什么时候才该断奶，一般来说，长牙是痛苦而难受的。孩子往往不知不觉出于本能地把他手里的东西拿到嘴里去咬。人们以为，拿一些硬东西做玩具，就可以使牙齿的成长更顺利。我认为这是一种错误的做法。把硬东西放在齿龈上，不仅不能使它变得柔软，反而会使它长出老茧，使它发硬，使肌肉裂口时更加难受、更加疼痛。我们还是以动物的本能做例子来说明这一点。我们发现小狗不是用硬石头、铁或骨头来磨它们正在成长的牙齿的，而是用木头、皮、破布和柔软的东西来磨牙，因为这些东西可以咬得动，牙齿在上面也可以咬出痕迹来。

我们凡事都讲究奢华，甚至给孩子玩的玩具也弄得很奢侈。金的、银的和珊瑚的铃铛，小水晶片，各种各样或贵或贱的玩具，这是一些多么没有用处且多么有害的东西啊！没有必要给他们过于奢侈的玩具，随便给他们一些日常生活中安全无害的东西就可以，而且，同那些漂亮的小玩具一样，这也能够使他们玩得挺高兴，并且还能避免他们以后养成奢侈的习惯。

断奶前，重要的是要让孩子们首先应当习惯于咀嚼，这是便于牙齿生长的真正的办法。当他们开始咽东西的时候，混合在食物里的唾液就可以帮助消化。对于给婴儿做的辅食，我觉得米浆还比较好一些，肉汤和肉汁是一种没有多大价值的食品，应当尽量少吃。

为了顺利断奶，我首先就给他们嚼食干果和面包皮。我将拿一条一条的硬面包和类似皮埃蒙特的面包饼干——乡下人称之为“格里斯”——给他们玩。他们在口里把这种面包弄软以后，总会吞一点下去的，这样，他们的牙齿就长出来了，而且这时候，他们就已经把奶断掉了。农民的胃一般都是非常好的，他们断奶时也就是采用这个方法。

童年的快乐

把孩子当作孩子

体力的增长使孩子们觉得哭泣已经不再有必要了。这时他们可以更多地依靠自己，不用经常求助别人。有了体力，他们运用体力的智慧也就随之发展起来。正是在这人生第二个阶段，他们开始了儿童的个人生活。这时，他们也意识到了他们自己的存在。记忆力使自我的感觉延续到人生的每一时刻，他们正在成为一个人，成为他们自己，而他们也能够感受快乐和痛苦了。因此，这时最为重要的是，应该把他们视为独立的精神的存在。

尽管我们可以给生命设定一个最长的期限，让人们在每个年龄段上都有达到这个期限的可能性，但是，再没有什么比人的寿命那样更具不确定性了，只有极少的人能够达到这个最长的期限。生命遭遇最大的危险是在它开始的时候，对生活的体验越少，则保持其生命的可能性也就越小。因此，在同一时期出生的孩子当中，至多只有一半能够长至青年；也许，你的学生就可能活不到成年。

当我们看到野蛮的教育为了那不确定的将来而牺牲孩子的现在，使孩子饱受束缚，为了替他们在遥远的未来准备我认为他们永远也享受不到的所谓的“幸福”，就先把他们弄得如此可怜时，我们心里又做何感想呢？即使这种教育的终极目的是合理的，然而，当我看见那些不幸的孩子被置于不可容忍的束缚之中，强迫他们像服苦役的囚徒似的不断地劳作时，我怎能不感到愤慨，这样做对孩子究竟有何好处呢？这些孩子的快乐时光是在哭泣、惩罚、恐吓及奴役中度过的。但你们却宣称之所以如此折磨这些可怜的孩子，是为了他们将来好，可是你们却没有看到这种阴沉的环境夺去了孩子的生命。谁知道有多少孩子竟成为自己父亲或教师的过分关照的牺牲品？即使有些孩子幸运地挺过了这种残酷的行为，他们在遭受了种种磨难以后，所得到的唯一的好处就是：祈祷自己不要抱憾死去。因为他们在这一生中所经历的全都是苦难。

人啊！做人要仁慈，这是你们做人的第一个天职。无论是任何身份、任何年龄的人，只要他们不异于人类，你们对他们都要保持仁慈。因为除了仁慈，你们还能找到什么美德呢？要爱护儿童，要带领他们做游戏，让他们觉得快乐，引发他们美好的本能。你们当中，谁不时刻怀恋那充满欢乐、纯真无邪的童年？可是，你们为何要剥夺天真烂漫的儿童去享受那稍纵即逝的美妙时光？为什么要剥夺这些他们绝不会滥用的极其珍贵的财富？孩子人生的最初几年，和你们人生的最初几年是一样的，也是一去不复返的，你们又为什么要使他们那转瞬即逝的童年充满悲伤和痛苦呢？作为父亲，你们无法预料死神将在什么时候会夺去你们的孩子，因此，你们绝不要剥夺大自然赐予他们的短暂而美好的时光，否则你们将后悔莫及。只要孩子能感受生命的快乐，就尽情让他们去享受。不管上帝在何时召唤他们，你们都不要让他们在还没有感受到生命的乐趣时就死去了。

将会有多少人站出来反对我呀！我远远地就能听见那虚伪的聪明人发出的叫嚣。他们不断地使我们迷失本性，他们无视现在，不停地追求那无法追求得到的未来，他们强迫我们离开现在的环境，走向我们永远也无法到达的地方。

你们回复我说，现在正是改正人的不良倾向的最佳时期。因为在童年时期，孩子对痛苦的感觉最轻，也正是在这个时候，应该使他承受更多的痛苦，以便他在达到懂事的年龄时能够少受痛苦。但是，谁让你这样随心所欲地安排孩子的命运？谁曾说过你们对一个孩子的稚弱的心灵进行这番美妙的教训后不会在将来对他害多益少？你如何知道让孩子承受更多的磨难就可以省去一些麻烦？既然你不能肯定孩子目前承受的痛苦能够解除将来的痛苦，为什么又要让他承受他现在无法承受的磨难呢？你们怎样能够证明，你们企图纠正他的那些不良倾向，不是来自你们的错误做法而是来自自然？你们所抱的希望是终有一天使他获得幸福，然而，这在当下却把他弄得十分可怜，这样的远虑是多么糟糕透顶！你们这些庸俗的理论家，竟然把放纵与自由、快乐的儿童以及娇养的儿童，全部都混淆，我必须让你们了解其中的区别所在。

为了避免追逐幻想，我们就要记住如何才能让我们适合于自己的生存环境。在万物的秩序中，人类有它的位置；在人生的秩序中，童年有它的位置：应当把成人看作成人，把孩子看作孩子。为了人的福祉，我们能做的就是让他们各归其位，处在什么位置就去做适合此位置的事情。要按照人的自然天性去处理人的欲念，为了人的幸福，我们所能做的就只有这些。其余的事情就要以各种外因为转移，但是，外因却不是我们个人的能力所能左右的。

我们无法知道绝对的幸福或痛苦是什么样的感受，它在人生中全都混杂在一起了。我们身在其中，无法领略到纯粹的感觉，无法在同一种情况下感受两种不同的时刻。正如我们的身体在不断变化一样，我们心灵的情感也随之持续不断地变化。每个人都会经历幸福和痛苦，只不过是程度不同而已。遭受痛苦最少的人，往往就是最幸福的人；感受快乐最少的人，往往就是最可怜的人。痛苦总是多于快乐，这是我们每个人共有的差别。在这个世界上，只能消极地看待人的幸福，衡量的标准是：痛苦少的人就应当算是幸福的人了。

一切痛苦的感觉都与摆脱痛苦的愿望分离不开，一切快乐的观念都与享受快乐的愿望分离不开。因此，一切愿望的产生都意味着缺乏快乐，而一旦感到缺乏快乐，就会感到痛苦的存在，所以，我们的痛苦正是产生于我们的愿望与能力的不相称。一个有感觉的人在他的能力扩大了他的愿望之时，他就将成为一个绝对痛苦的人了。

那么，人的聪明智慧或真正的幸福道路究竟在哪里呢？正确说来，它不在于减少我们的欲望，因为，如果我们的欲望少于自己的能力，则我们的能力就不能得到充分运用，这样一来，我们就不能尽情享受自己的存在；它也不在于扩大我们的能力，因为，如果我们的欲望也同样扩大，那样只会增加我们的痛苦。因此，问题的关键在于减少那些超越我们能力范围的欲望，在于使能力和意志两者之间得到充分的平衡。所以，只有一切力量都得到充分运用，心灵才能保持宁静，人的生活才能秩序井然。

真实的世界是有界限的

大自然总是向着最好的方面去发展的，所以它才这样安排人。在最初，它只赋予人维持生存所必需的欲望和满足这种欲望的足够的能力。它将其余的能力全都储藏在人的心灵的深处，只有在需要的时候才让其发挥出来。只有在这种原始的状态中，能力和欲望才能维持平衡，人才不会感到痛苦。一旦潜在的能力开始运作，在一切能力中最为活跃的想象力也随之觉醒过来，并且领先发展。正是这种想象力为我们展现了我们可能达到的或好或坏的境界，使我们产生满足欲望的希望，从而使我们的欲望日益滋长。不过看似是伸手可及的目标，却迅速地向前逃遁，使我们无法追赶。就在我们认为追上的时候，它又变成了另外的模样，远远地呈现在我们的前方。我们再也无法看到自己途经的地方，我们也不再去想它了，尚待跋涉的原野又在不断地扩大。最终，我们被弄得精疲力竭也无法到达终点。我们越是接近享受幸福，幸福越是远远地离开我们。

相反，人越是接近自然状态，他的能力和欲望的差距就会越小，因此，他到达幸福的路程就不会那样遥远。只有在他接近一无所有的时候，他的痛苦才是最小的，因为，痛苦的原因不在于他所缺乏的东西，而在于对那些东西感到需要。

真实的世界是有界限的，而想象的世界则没有止境。我们既然无法扩大一个世界，就必须去限制另一个世界。因为，正是由于它们之间的唯一的差别，才使我们产生了令人烦恼的种种痛苦。除了体力、健康和良知，人的幸福是随着各人的观点不同而有所不同的。除了身体的痛苦和良心的谴责，人的一切痛苦都是想象出来的。人们也许会说，这个原理是人所共知的。我赞同这种说法，但是，这个原理的实际运用就不一样了，而我们在这里所谈的完全是运用问题。

我们说人是柔弱的，这是为什么呢？“柔弱”是我们用来表达生存的关系的。凡是其体力超过需要的，即使是一只昆虫，也是很强的；凡是其需要超过体力的，即使是一只象、一只狮子，或者是一个战胜者、一个英雄、一个神灵，也是很弱的。不了解自己的天性而任意蛮干的天使，要比按照自己的天性平安详和地生活的快乐的凡人柔弱。对自己现在的力量感到满足的人，就是强者；如果想超出人的力量行事，就会变得很柔弱。因此，不要以为扩大了你的官能，就可以增大你的体力。如果你的骄傲之心超过了你的体力，使你的体力反而会因此而减少。我们要测量好我们的活动范围，我们要像蜘蛛活动在蜘蛛网的中央那样活动在那个范围的中央，这样，我们就能够始终满足自己的需要，我们就不会抱怨自己的柔弱，因为我们根本没有产生柔弱的感觉。

一切动物都只能保存它自己所必需的能力，唯有人的能力才有多余的。可是，正因为他有多余的能力，才使他遭遇了种种不幸，这岂不是一件怪事？在各个地方，一个人的双手生产的物资都超过他自己的需要。如果他是相当的贤明，不计较是不是有多余，则他就会始终觉得他的需要是被满足了的，因为他根本不想有太多的东西。法沃兰说："巨大的需要产生于巨大的财富，而且，一个人如果想获得他所缺少的东西，最好的办法还是把他已有的东西都加以舍弃。"正是由于我们力图增加我们的幸福，才使我们的幸福变成了痛苦。一个人只要能够生活就感到满足的话，他就会生活得很愉快，也很善良，因为，做坏事对他有什么好处呢？

如果我们永远不死，我们反而会成为不幸之人。当然，死是很痛苦的，但是，当我们想到自己不能永远活下去，想到还有一种更美好的生活将结束今生的痛苦，我们就会得到解脱。如果有人允许我们长存于世，请问又有谁愿意接受这样糟糕的礼物？我们还有何种办法、何种希望和何种安慰可以用来应对命运的严酷和人的不公正的行为呢？愚人是不具有预见性的，他不知道生命的价值所在，所以就会担忧生命的消失；智者往往可以看到更珍贵的财富，所以他宁愿要那种财富而心甘情愿放弃生命。只有不求甚解和假聪明的人才让我们只看到死亡，而看不到死以后的情景，因而他让我们把死看作人生最大的痛苦。在明智之人看来，正是因为死是必然的，所以，才有理由忍受生活中的各种痛苦。如果我

们不相信人终有一死的话，那么，我们就要花太大的代价去保护它。

我们精神上的痛苦，全都是由个人的偏见造成的，只有一个例外，那就是犯罪。而犯罪与否，则取决于我们自己。我们身体上的痛苦如果不自行消灭，就会反过来消灭我们。时间或死亡是医治我们痛苦的良药，我们越是不加忍受，我们就越会感到痛苦。我们为了医治自己的疾病而遭受的折磨，远比我们在忍受疾病的过程中所遭受的折磨要多得多。你要遵照自然去生活，要有耐心，要把身边的医生都赶走，因为无论如何你是无法躲避死亡的，而且你对死亡的感觉仅此一次而已，医生却让你在自己混乱不清的想象中每天都要经受死亡的折磨。他们骗人的医术不仅不能延长你的生命，反而剥夺了你享受生命的权利。我始终在质疑医术究竟能给人类带来怎样的好处。诚然，一些即将死去的人被它治好了，但是，却有成千上万本可以保全生命的人却遭到了它的杀害。聪明的人啊，不要再去买这种“彩券”了，因为这样下去，你十之八九是要输的。所以，不论患病也罢，死去也罢，或是医治也罢，总之，特别关键的是，你必须要竭尽全力生活到你生命的最后一刻。

只做喜欢做的事

在人类的习俗中，满是些荒唐与矛盾之事。我们生命的价值越是失去，我们对它就越觉得忧虑。老年人比年轻人更依恋它，他们舍不得放下自己为享受而做的种种准备。到了 60 岁，还没有开始过上快乐的生活就离开人世，那的确是很令人惋惜痛心的。人人都很爱惜自己的生命，这是不争的事实。但是，大家并不明白，像我们所能够意识到的这种爱，大部分都是人为的。从人的天性来说，人只是在有能力采取办法保护生命的时候，他才对生命深感忧虑。一旦束手无策，他也就会心情宁静，也就不会临死之时深感遗憾了。生命的长短要听天由命，这是第一个法则，这个法则是自然教给我们的。野蛮人和野兽在面对死亡时都不会进行太多徒劳的挣扎，而是坦然地接受死亡的到来。一旦这个法则被破坏，接着就从理性中产生了另外一个法则：生命的长短由人决定。但是，很少有人能够充分认识这个法则，因为它不如第一个法则那样充实和完整。

远虑，使我们永不停息地做我们力不能及的事情，使我们常常向往自己永远无法达到的目标，这样的远虑也正是我们产生种种痛苦的真正根源。像人这样短暂的生命，竟时刻向往着如此渺茫的未来，而轻视踏实可靠的现在，简直是发疯一般！这种疯狂的做法之所以更加有害，是因为它将随着人年龄的增长而日益增多，使老年人时刻都保持猜疑、忧虑和悭吝，宁愿今天节约一切而不愿在百年之后缺少那些多余的东西。因此，我们现在要掌握一切，把一切都牢牢地抓在手里。对我们每一个人来说，重要的是一切现有的和将有的时间、地方、人和其他东西，我们的个体只不过是我们自己的最小的部分。我们可以说，我们每一个人都扩展到了整个世界，在世界的任何角落都能感觉到自己的存在。在别人伤害我们时，我们的痛苦就会因此增加，这又有什么可奇怪呢？有多少君王因为失去了他们从未见过的土地而深感悲伤啊！有多少商人只因想涉足印度而在巴黎抓狂啊！

是大自然使人这样迷失本性的吗？是它要每一个人根据别人的命运来看待自己的命运，而且往往要到最后才能知道自己的命运如何，以便他不知道这样的死是愉快还是悲惨吗？我曾见过这么一个人：他容光焕发、身体健康、心情愉快，不论他走到哪里，都使人感到高兴，他的眼睛流露出喜悦和丰盈的光芒，从他的精神面貌上就可以看出他是一个幸福之人。一天，邮局送来了一封信，这个幸福之人看完信后，顷刻间神情大变，脸色苍白，突然就晕倒在地。当他苏醒过来的时候，他哭泣、激动、战栗、撕扯自己的头发、叫声震天，就好像感染了可怕的痉挛症似的。愚蠢的人啊！这一纸书信究竟给你带来了什么灾难呢？它是折断了你的手还是折断了你的脚呢？它究竟使你犯下了何种罪过呢？最后，它使你的内心起了什么变化，以致你变得像我方才看见的那个样子呢？

如果那封信错投了地址，如果一个好心人把它扔到了火里，如此一来，我觉得，这个既幸福又可怜的人的命运就会成为一个奇怪的问题了。也许你们会说，他的痛苦是真实存在的。确实如此，但是他以前并没有觉察出来。他的幸福只是别人想象出来的，我完全赞同这一点。健康、快乐、富裕和内心的满足都不过是幻象而已。我们已不再按照自己的能力去生活，我们的生活已超过了自己能力许可的范围，只要我们还有生活的资源，我们又何必那样惧怕死亡呢？

人啊！把你的生活限制于你的能力范围之内，你就不会那样痛苦了。只要紧紧地守着大自然在万物的秩序中给你安排的位置，就没有任何力量能够使你脱离那个位置。不要试图反抗那严格而必然的法则，更不要为了反抗这个法则而倾尽你的体力，因为上天所赋予你的体力，并不是用来扩充或延长你的存在的，而只是用来按照它喜欢的样子和它所许可的范围而生活的。你天生的体力有多大，你才能享受多大的自由和权力，不要超过这个限度，其他一切都不过是奴役、幻想和虚名而已。当权力依靠舆论之时，其本身就带有奴隶性，因为你要以你用偏见来统治的那些人的偏见为转移。为了要他们按照你的愿望去支配他们，你也就必须按照他们的愿望办事。他们只要稍微改变一下想法，你就不得不改变自己的做法。所有接近你的那些人，只要你设法去控制你所控制的人或控制你所宠爱的人的思想，只要你设法去控制你的家属甚至你自己的思想，即使你有泰米斯托克利那样的才华，你的那些大臣、僧侣、军人、仆人、饶舌的人以及小孩子，也能在你的军队中把你像一个小孩一样随意加以指挥。你简直就是徒劳心力：你真正的权力绝不能超过你身体本身的能力。一旦你用他人的眼光去观察事物，那么，你就要以他人的意志为自己的意志了。“人民是我的臣属”，你骄傲地说。诚然如此。可是，你又是什么人呢？你是你的大臣的臣属。你的大臣又是怎样的人呢？他们又是他们的属员和情人的臣属，他们的仆人的仆人。你把一切都占为己有，然后又大把地抛撒金钱；你修筑炮台，竖立绞架，制造刑车；你发布种种法令；你增设几倍的密探、军队、刽子手、监狱和锁链。可怜的渺小的人啊！这所有的一切对你究竟有什么好处呢？你既不能从中得到更大的利益，也不能因此就少受他人的抢劫、欺骗或得到更多的绝对权力。你经常说“我们想这样做”，实际上你所做的事情往往是他人想做的事情。只有依靠自己意志去做事的人，才不需要借用他人之手来实现自己的意志。

由此可见，在人类所有的财富中最为可贵的就是自由。真正自由的人，只想他能够得到的东西，只做他喜欢做的事情。这就是我的第一个适用于儿童的基本原理，从中可引出所有的教育法则。

不将自己的意志强加给孩子

社会使人变得更柔弱，其原因在于，它不仅剥夺了一个人运用自己力量的权利，而且它还使人的力量不足以满足他自己的需要。这就是人的欲望会随着他的柔弱而成倍增加的原因。小孩相对于成人来说更显柔弱，其原因也在这里。成人之所以强悍，孩子之所以柔弱，不是由于成人比孩子拥有更多的绝对的力量，而是就自然状态来说，成人能够自己满足自己的需要，而小孩则做不到。因此，成人拥有更多的意志，而小孩则拥有更多的妄想。我所说的妄想，意思是他的所有欲望并非他真正所需，而是通过别人的帮助就能满足的欲望。

我已经阐述过造成这种柔弱状态的原因。大自然用父母之爱来提供这种帮助，只是，父母之爱可能会过度或不足甚至全会被误用。很多父母在孩子还没有达到适合的年龄就让他过上这种社会的生活，他们激发和赋予了孩子更多的需要，这样不仅没有使他变得坚强，反而使他更加柔弱。可见，他们强迫孩子做那些连大自然也不要求他做的事情，例如，他们把自己的意志强加到孩子身上，而孩子并不具备服从意志的力量，这样，他们之间的关系就变成奴役与被奴役的关系，变成弱者和施爱者之间的相互依赖。

明智之人懂得如何稳固自己的地位，可是，孩子认识不到自己的地位，也就不知道如何稳固自己的地位。在我们成人的世界里，有着千百条可以让他离开自己地位的道路，因此，这就要完全依靠管教孩子的人把他保持在那里，这个任务是十分艰巨的。必须让他意识到自己的柔弱，但是不能让他因为柔弱而痛苦，他可以依赖成年人，但不能任由成年人摆布；他可以提出要求，但不能发布命令。只有在他确有需要，或者别人比他更明白什么东西对他最有用处，什么东西对他的生存有利或有害时，他才可以听命于人。否则，任何一个人，即使是他的父亲，也没有权力命令孩子去做对孩子毫无用处的事情。

在偏见和人类习俗没有破坏人们的自然倾向以前，孩子和成年人之所以幸福，完全在于他们能够运用自己的自由，只是在童年时期这种自由会受到力量柔弱的限制。如果一个人是自由的，那么，无论做什么都会觉得快乐，生活在自然状态中的成人就是如此。如果一个人的需要超过了他的力量，那么，无论做什么都是不快乐的，生活在自然状态中的孩子就是如此。就算生活在自然状态中，孩子们也只能享受部分的自由，正如成年人在文明状态中也只能享受部分的自由是一样的。我们每一个人都不得不依靠他人，因此，从这一点上说我们既柔弱又可怜。我们本来是要做成人，然而，法律和社会却将我们变成了孩子。如此看来，达官、富人和国王，全都是小孩子，他们看见别人殷勤地去减轻他们的痛苦，就产生了一种幼稚的虚荣心理，并且以得到别人的照料而自豪。他们并不知道，如果他们是成人的话，别人是不会对他们如此殷勤的。

这些观点极为重要，可以用来解决社会制度的一切矛盾。世界上存在着两种依赖：物的依赖，属于自然的；人的依赖，属于社会的。物的依赖不具有善恶的因素，因此不损害自由，不产生罪恶；而人的依赖则由于没有秩序，因此罪恶丛生。正是由于人的依赖的存在，使得主人和奴隶都互相败坏了。如果说要整治这个社会弊病，那就要用法律来代替人，要用那高于任何个别意志行动的真正力量来武装公意。如果国家的法律能够像自然法那样永不改变，不为任何人的力量所左右，那么，人的依赖又可以变成物的依赖。我们就可以在公众中把所有自然状态和社会状态的好处加以统一，就可以把使人免于罪恶的自由和培养节操的道德加以结合。

遵循自然的秩序

为了使孩子只依赖于物，就需要你在孩子的教育过程中遵循自然的秩序。如果他有莽撞的行为，你只需要为他设置一些有形的障碍，让他的惩罚产生于行为本身。你无须刻意禁止他做错事，只要加以预防就可以了。经验匮乏和力量的柔弱，对他来说就是法规。要满足他的欲望，要看他是否确实有需要，而不要仅仅因为他要求什么。不要去教他如何顺从他人，同时，也不要告诉他怎样役使人。要让他在他自己的行动和你的行动中都体验到自由的快乐。当他的体力满足不了他的需要的时候，就要设法弥补他的体力的不足，但是只需补充到恰好足够使他自由活动而不能随意使唤人的程度。因此，要让他在得到你的帮助之时产生一种羞愧之感，从而渴望自己能够及早独立，体面地做自己想做的事情。

大自然具有增强孩子的体质和使之成长的方法，我们绝不能违背它。当孩子想走动时，我们就不应该强迫他待着不动；如果他想待在那里不动，我们就不应该逼着他走动。只要孩子的意志不因我们的错误所阻碍，那么他是绝对不会欲求无用之物的。只要他愿意，他尽可以跑跑跳跳、吵吵闹闹。他的一切运动，都是他的身体渴望增强的需要。但是，我们应当警惕他去做他力所不能和必须别人代替他做的事情。因此，我们需要仔细分辨哪些需要是他真正的需要、自然的需要，哪些需要是由于他开始出现的幻想造成的，或者是由于我曾经谈到的过于优越的生活引起的。

你要特别注意，切勿教孩子学会那套虚假的客气话，因为那种话可以让孩子将其当作求人的咒语，使他周围的一切都听从他意志的指挥，使他可以立刻得到他想要的东西。富人往往过于重视礼仪的教育，如此教育出来的孩子就会显得古怪文雅。他们给孩子们规定了一套辞令，好让他们说得谁也不敢反对，这就使得孩子说起话来既没有求人的语气，也没有求人的态度。他们求人的时候也就如同给别人下命令时那样傲慢，甚至更为过分，好像强迫别人务必服从似的。例如，“如果你愿意的话”这句话，从他们口中说出来的就是“我要这么做”的意思；“我请求你”，意思就是“我命令你”。对他们来说，多客气的话到他们嘴里都改变了意思，而且还只能以客气的方式而不能以其他的方式来说。至于我，我不怕爱弥儿说话粗鲁，但是我怕他说话傲慢，我宁可让他在请求别人的时候说“你去做”，也不喜欢他在命令的时候说“我请求你”。我所重视的不是他使用的措辞，而是他给那些措辞的含义。

道德教育

光阴似箭！生命首个四分之一的时间在我们还不知道怎样生活中虚度，生命最后四分之一的时间又在我们失去享受生活的能力中虚度，中间所剩的时间的四分之三因睡眠、工作、悲伤、抑郁和痛苦而被消耗，我们几乎没有工夫去领略短暂的人生。此外，人生短暂还在于介于出生和死亡之间的时间不是很好地度过。

我们为了存在而诞生一次，又为了生活而诞生一次；我们为了做人而诞生一次，又为了做一个男子而诞生一次。把女人看成一个不完全的男子的这种看法显然不正确，但这种看法就其外表如此推断则正确。男孩和女孩在达到弱冠和及笄之年以前在外表上无显著区别，有时从面孔、肤色和声音根本区分不出男孩和女孩，他们都是孩子。男子有始终保持原样的可能性，妇女在诸方面似乎从无变化。

男子到了一个极其短暂但又影响深远的关键时刻就要从儿童状态中脱离出来，这种变化有提前征兆：他改变了性情，相对高频率地发怒，情绪易于激动，他似乎不再守规矩了。从乖乖地服从到充耳不闻，他变得任性，不羁管束，就像是一头发疯的狮子。

他的面孔也变化明显：相貌轮廓越来越明显；下腮上的绒毛由稀疏变得浓密；声音变粗，他已不能发出小孩的声音；之前无表情的眼睛现在会说话了，他显得活泼了；灵活的目光尚存天真但不再茫然无知，他已知晓用目光传出忧郁和盛怒的心情；感觉变得敏锐；他不知缘故地急躁不安。这一切变化的过程可能缓慢，但是，如果这一切变化来得太快、太夸张的话，如果你再不提高警惕，那么危险即将到来。

此时人才是为了生活而诞生，他才不再觉得事物稀奇。此前，我们所关心的完全是孩子的游戏，仅在此时我们对他的关心照料才更具重要意义。到这个时期我们所施行的教育刚开始，而一般人所施行的教育至此就结束了。

欲念的产生不可阻止

消灭作为我们保持生存的主要工具的欲念简直徒劳可笑。上帝根本不会要人消灭他赋予人的欲念。他要人将其所希望之事铭记于心，而不会让第三方来传达信息。我在此之前所采用的办法绝对不是要人去阻止欲念的产生，因为欲念的产生不可阻止。

欲念是人的天性，我们所感所见的一切欲念的来源都是自然的。但自然的欲念很有限，作为我们达到自由的工具，它们使我们能够达到保持生存的目的。我们却违反自然的本意擅自把从别处得来的奴役和毁灭我们的欲念作为自身的欲念。一切欲念的本源是自爱，它是一种内在的根本欲念，原始而先于其他一切欲念产生。一切其他的欲念都是它的演变。这般看来，所有的欲念都是自然的。但大部分的演变都有外因，否则，这些演变就不会发生。这些改变了最初的目的，违反了它们的原理的演变对我们是有害的，人就是这样脱离自然，自相矛盾的。

爱自己胜过爱其他一切

自爱始终符合自然的秩序。为了保存自己的需要让我们不断地关心我们的生命。

因此，为了保持我们的生存，我们爱自己必须要胜过爱其他一切的东西，同时我们也要爱保持我们生存的人。儿童对他们的乳母的爱纯粹，最初是无意识的，是本能的。对方所表示的有害或有益于我们生存的意图使这种本能变为情感，使依依不舍之情变为爱，使厌恶变为憎恨。我们对感觉迟钝的人没有爱憎之感，但当看见有些可能给我们带来益处或害处的人在倾其全力帮助或损害我们的时候，我们也会对他们表示他们向我们所表示的那种情感。我们爱憎分明。

处于幼弱状态中的小孩子根据那些与自己亲近的人给予自己的帮助和关心而爱那些人。仅当知道他的乳母和保姆对他有用处，而且还很喜欢帮助他时，他才开始爱她们。

一个小孩子觉得所有接近他的人都是来帮助他的，因而他自然而然地对人亲热，他还由此养成了爱他的同类的习惯。后来，他有了人际关系的意识，并产生了对其天职与好恶的意识。此时，孩子就变得性情傲慢、妒忌，喜欢骗人和报复人。当他不明白我们叫他做的事情时，他会反抗，如果我们总是迁就他，那么，只要在什么事情上违反了他的心意，他就要因为我们不服从他而拍桌子打板凳地大发脾气。自爱令我们满足，而自私却不然：自爱使人敦厚温和，而自私则使人偏执妒忌。一个少欲求，且不斤斤计较的人在本质上是个善良的人；一个欲求多，而又迷信偏见的人，其本质必定坏。因此，我们就学会了如何导人向善或向恶。随着他们的利害关系的增加，再加上社会的毒害，他们要始终做善良的人则相当困难。所以，要采取必要的手段和办法防止人心日趋堕落。

人所应该研究的，是他同他周围的关系。在他只能凭他的肉体的存在而认识自己之时，他应当根据他同事物的关系，利用他的童年来研究自己；而当他感觉到自己精神存在的时刻，就是时候根据其与他人的关系，用一生研究自己的时刻。现在我们可以开始做这种研究。

情感的真实依靠观念的正确

自己经受过痛苦才懂得什么叫痛苦，否则，人是会不明白别人的痛苦的。而且，当孩子的感官未发育时，他只能知道他自己的痛苦；当感官一发育，他就会设身处地为他的同类想一想。此时，他的心中会开始产生他从未体验过的同情。

能否在孩子的身上看到这个时刻的到来与你对孩子的教育方式适当与否相关。你教会孩子玩弄情感，你就难以分辨他们所说的哪些是真话。我未教给我的爱弥儿相关感情，他自然体验不出那些感情，他也不会去注意，而且他不会假装，不虚伪。

爱弥儿思考得还比较少，要很久以后他才会知道痛苦和死亡是怎么回事。现在，他已经能体验有感觉的生物的感觉，他在受过更多教育之后就可以明白这些感觉是从何而来：他对不熟悉的生物的感觉不能说一点没有感觉，但他尚不能想象出他所感觉的情景。

必须让孩子知道有一些跟他相同的人有过跟他一样的痛苦和悲哀，还须让他知道其他人还有另外的痛苦和悲哀。怜悯之心产生于我们忘记自己的形骸，把自己同那个受苦的动物看作一体，将心比心地替它想一想之际，比如，我们痛苦着动物真实经历着的痛苦。一个有感情的人仅当他的想象力活跃起来，能使他忘掉自己之时才成其所是。我们必须使他产生善良、博爱、怜悯、仁慈及所有一切自然而然使人感到喜悦的温柔动人的情感，并防止他产生妒忌、贪婪、仇恨及所有一切有毒害的欲念，以激发和培养那种日益增长的感情，一定要按它的自然的发展倾向去引导和认识它，否则不仅会使孩子的情感化为乌有，而且还使其发生相反的作用以及产生折磨他自己的欲念。

我可以把我的看法归纳成三个明确易懂的原理。

原理一

人在心中将心比心地想到的只是那些比我们更值得同情的人，而不是比我们更幸福的人。若有例外的例子，也只是在表面上不同，几乎无人会为他们所喜欢的富人或显贵将心比心地设想。在他们发财或青云直上之时，他们很难找到知己；而当他们倒霉之时反而会得到人的同情。

我们对真实地喜欢着的诸如农夫这类人没有任何嫉妒和恶意。我们觉得只要付诸实践，自己能够降低地位享受他们的幸福就可以了。

要向青年人指出别人当红的命运有它阴暗的地方，使他感到害怕才能使他心存博爱。如此他便能不走别人后路而去开辟新路。

原理二

我们所同情的只是我们认为自己也难免要遭遇的那些痛苦。经历过苦难生活的人才更容易体会不幸者之不幸并乐于去帮助他们。

觉得自己的江山永在的帝王怎么会怜惜他的子民呢？不陷入困境担忧的富人怎么不会对穷人心狠呢？觉得自己永远不会成为平民的贵族怎么会看得起老百姓呢？之所以土耳其人一般都比我们仁慈和厚道，是因为现实使他们清醒地认识到自己有落入卑贱和穷困的境地的可能性。在东方人的小说中不断出现的这种想法对读者更有感染力。

要让经济条件好的学生认识到诸多不可预料和不可避免的因素可能使自己遭遇那些不幸的和可怜的人遭受到的种种痛苦，不要轻视那些人，自己所拥有的一切并不能够保证人生可以一帆风顺，有些地位比他高的人在堕落以后其地位还不如那些可怜的人呢，要举些常见例子来说明。要在他所能理解的范围之内去启发他，他就容易明白他的未来难以预测，纵使他已尽力。要让他看见、感觉到那些痛苦和灾难，要用随时可能遇到的潜在的危险震惊他的想象力，要使他害怕坠入周围潜在的危险的悬崖里，要尽量灵活地讲解这些事情。当务之急，就是要使他有一颗仁慈的心，我们日后自然知道他是否会因此而变得胆怯。

原理三

是我们为遭受痛苦者所设想的感觉，而不是痛苦的数量决定我们对他痛苦的同情程度。我们感觉到的不幸者的不幸程度，决定了我们对他的同情程度。我们肉体对痛苦的感觉比想象的要少，想象力可以把使我们觉得在继续的痛苦延及将来，故我们才有同情感。这就是我们对动物的痛苦不及对人的痛苦那样关心的原因之一。我们没有揣测自己所养的拉车的马在吃草时是否会想到它所挨的鞭子和未来的疲劳，所以我们不可怜它。因为我们知道那只在牧场上吃草的羊，并不知道它不久就要被人们吃掉的命运，所以我们也不可怜它。我们对人的命运也这样心狠：富人认为穷人并不知道痛苦的来由，所以他们让穷人遭受种种痛苦。我通常以一个人看待他的同伴的眼光为准来评价他对其同伴的福利所做的事。政治家谈到人民时显得那样轻蔑，大多数哲学家把人类说得那样坏，对此我们不用惊奇，因为他们并不重视自己所轻视的人的幸福。

是人民构成人类，不属于人民的人就不算在内。如果承认各种等级的人都一样，那么人数最多的等级就最值得我们尊敬。有思想的人认为小人物和大人物仅在语言、或多或少做作出来的外表方面不同而已，而他们的欲念和感觉都相同。如果两者真有重大差别，那就是有些装模作样的大人物非常虚伪。是什么样的人就表现其所是，要表里一致，人民是这样的，所以不被喜欢，而上流社会的人物必须要伪装一下，否则会使人害怕。

各种等级的人的幸福和痛苦其分量都相同，有些学者的这种说法有害也不成立。如果大家都同等幸福，那就让他们永远保持原样，那就没必要为人家而自找麻烦，因为改变他们的地位对他们并无好处。就让奴隶受虐待，就让体弱多病的人受痛苦，就让要死的贫穷的人死。学者们一桩桩地数了一下有钱人的苦楚，指出他外表上的快乐都是空的，这简直是诡辩！富人的痛苦源自他自身，而不是来自他的社会地位；而穷人的痛苦则源自环境，源自压在他身上的残酷的命运。他无法改变自己的现状，纵使他很明智。埃皮克提特斯早就预料到他的主人要打断他的腿，然而他却对此无能为力。穷人还能过其他生活，还能做其他的事情吗？尽管他们说话的方式不同，但他们和有些学者一样聪明，对常识的掌握甚至还超过那些学者。要教育你的学生爱所有人，包括那些轻视人民的人，要使得他站在全体人民的角度看问题。要带着亲切甚至同情的口吻谈及人类，教育他们不要轻视人类。

应走与别人走过的完全相反的道路来激发青年人最初的自然的情感，使他赶上或超过他的同类。关键的是，在他的自然的情感中，尽量不要掺杂个人的利益，尤其是不要掺杂虚荣、竞争、荣耀等容易让我们与别人进行比较的情感。否则，一经比较，我们就会盲目行动或心怀愤怒，成为坏人或愚人。诚然，事情的发生有它的必然性，但我们不应该帮助不该发生的事情发生。

就是应当如此这般采取方法。但也许还没有人与这里所举的例子和描述的细节吻合。也就在青年人还不知道怎样掩饰自己的心情之时，兼学者和哲学家作用于一身的老师就可以巧妙地探测和培养学生的心。可以从学生的言行举止中看出他对我们所给的东西的印象和他的心理活动，进而预测并指导这种活动。

通常，一切使感官感到痛苦的东西或操作会令所有人立即紧张起来。而见到毁灭的情景则不会那样紧张。当我们了解临死时痛苦的感觉并对此印象深刻时，则死亡就成了我们最害怕的事情。我们对终有一死的这种死亡更感到惊恐，因为死亡的形象使我们产生了彻底毁灭的观念，或是因为我们清楚它最终会到来。

所有人最终都会有上述这些印象，尽管这些印象因人的性格和习惯的不同而有所差异。有些源自精神和心理的印象的获得比较慢，且只有那些敏感的人能够获得。只有号哭的声音才能打动一些人的心，他们看到其他可以打动别人的心的情景却无动于衷。他们忽视心灵的痛苦，近乎无情。他们有成为诚实和正直的人的可能性，但绝不会是仁慈、宽厚和有恻隐之心的人。

但先不要以这个标准去判断年轻人，尤其是那些受过良好教育、从未遭受过精神痛苦的年轻人，他们只同情自己所能体会的痛苦，那种表面上看似冷淡无情的样子只是由于他们还蒙昧无知。一旦他们开始意识到有其他不知道的痛苦，他们就会产生同情心。在很大的程度上，情感的真实依靠观念的正确。如果童年时期的爱弥儿确实单纯和善良，相信青年时期的他必定仁慈和厚道。

为何又在此处提到他？总是谈那些痛苦和悲惨的情景如何能使青年人懂得幸福和快乐？无疑，会有读者产生这样的问题。他们会以为我只是叫他们去受苦。但是，不能把表面现象当作真实。我确实说过要使他们过得幸福，可我没说过要使他们在表面上看起来幸福。

真正快乐的人把喜悦藏在心里

假设两个青年人从完全不同的门步入社会，他们都受过初步教育。其中之一已经功成名就，他活跃于最体面的上流社会，出入于各种场所。假设他非常受欢迎，但他心里将拒绝这种欢迎。愉快的事情接踵而来，每天新奇不断，他对一切都感兴趣。这使你发现他是那么专心、入迷和好奇，你对他赞美的首个事物印象深刻。可从他的精神状态看，我认为他在受罪。尽管你觉得他对生活感到满意，他是在享受生活。

他一睁眼首先看到的是他从未见过的诸多财产，他那大部分只能暂时触碰而不为他所拥有的东西的出现只能徒增他的伤感。他漫步宫廷之时，从他那忧愁而好奇的样子可以看出他在想他父母的家为何不是这样。他在所有疑问中不断地将自己与那间房屋的主人比较，从而使他产生了羞耻感、反感，增强了自己的虚荣心。如果他碰到一个青年人比他穿得好，我就发现他嘴里在嘟囔，抱怨他自己的父母太悭吝。他卑微的出身或逊色的才智使他产生了自卑感，以至于他觉得自己靓丽的衣着在别人朴素的布衣面前显得丑陋。倘若人群中他最秀气，他就此得意地让人欣赏，此时，这位公子的浮华虚骄的神气则会引来嫉妒：有的对他感到不安，有的对他冷嘲热讽，纵使当时仅有一个人对他表示不屑，但这已足够引人注意。

我们尽力地满足他的要求，满足他的虚荣心，让他讨人喜欢，可能有些妇女主动追求他，但这是没有爱情的爱，他并不爱她们，纵使他真的动了情，也不会真正地领略那爱情。欲望太容易得到满足导致他闷闷不乐；他还不知道什么是真正的幸福；他已经对异性感到厌烦，觉得不再有意义，只是无聊时他才继续玩乐；当他真正地了解了爱情并渴望得到爱情时，他可能再也寻觅不到一个忠贞的伴侣了。

与这种生活息息相关的纠纷、变节、黑暗和痛心的事情我还没提及。众所周知，人处世的经验会使人厌恶世事。我在此仅谈谈第一个妄念带来的烦恼。

以下谈的都是你的学生。在亲友中，他从独特的被爱护的人成了无足轻重的人，他现在发现自己从那个世界的中心似乎掉进了一个陌生的世界，他觉得这一切对比非常鲜明。在陌生人中，假如他还像以前那样妄自尊大，那么他就要多次受侮辱！长成青年后，他必须要让大家，而不能像以前那样让大家都让他，大家都殷勤地照顾他，否则，他就要受到严厉的教训，一点旧习都不能保留。他已经习惯于所有要求都被满足，他被自己喜欢的东西引诱，别人有的东西他就想要。这种欲望使虚荣心很强的他产生了猜忌和仇恨。他每天都被自己所有腐化人的欲念弄得心情不安，他对所有人包括自己都不满意。他在睡觉中也在一遍遍凭空打算，各种奇怪的想法使他心绪不宁，他做着可望而不可即的财富梦。

现在，来看看我的学生。当他一回想首个使他印象深刻的凄凉的情景时，他就感到快乐，他会为自己能够幸免感到高兴。他自愿分担并同情其同伴的痛苦，同时又庆幸于自己没有遭受那种痛苦。此时，他觉得自己有一股使自己和别人都获得幸福的超越自我的力量。认识到、经历过痛苦，或者害怕受痛苦时，他就会同情别人的痛苦，但当他自己受痛苦时，他就只同情自己。如果一个人认识到人人都可能遭遇苦难而把他暂时不用于自身的情感给予别人，则在同情别人的时候，有丰富的情感的他自己也得到了快乐。反之，一个没有多余的情感去同情别人的硬心肠的人总是很痛苦的。

表面上看似有幸福的地方其实正是最不幸福的地方。一个人快乐并不意味着同时也幸福，我们要到不可能有幸福的地方去寻求幸福。快乐的人在拼命地欺骗别人、愚弄自己，他通常是不幸的人。在外喜笑颜开的他在家通常忧郁愁闷满腹牢骚，真正的心满意足不会那样嬉闹。我们在享受之时会想到我们百般爱护的甜蜜的感情，怕它消失。真正快乐的人把喜悦藏在心里，而很少喜形于色。表面上的作乐只是为了掩饰失望和烦恼。忧郁和淫乐相伴，随甜蜜的快乐而来的是同情和眼泪，极度高兴会使人哭而不会使人笑。

似乎及时行乐会增强人的幸福感，而朴素乏味的生活则令人厌烦。但事实正好相反，适度享乐才让人无欲望和烦恼，使人感到甜蜜。欲望必然使人好奇和浮躁，无聊的狂欢则给人带来烦恼。人总是有了对比才不满于现状，新事物的出现使他们厌倦旧事物。野蛮人在人类中最不好奇，最不可能遇到烦忧之事。他们忽视一切事物，快乐源自他们自身而非物质，他们碌碌无为，自然就没有任何烦恼。

通世故的人几乎从不露真相，戴着假面具的他们有时连自己都不认识。等到必须露出真面目时，他们则十分急促。他们更看重外表而非实际的样子。一看到上文提及的那个青年人就让我想到他的倨傲、油滑和做作，这些令人厌恶，被人指责；而一看到我的学生就让我想到他的朴实可爱，这源自他内心的喜悦和宁静，可以赢得人们尊重和信任。依我看，人的面貌并非只是大自然所描绘的特征的简单发展，它还通过内心感情的惯常的影响而在不经意间形成。这些面貌流露的最真切的情感还会在脸上留下持久的痕迹。由此我认为可以简单地从一个人的相貌来看他的性格和性情。

小孩子高兴就笑，痛苦就哭，他没有介于高兴和痛苦之间的情感。时哭时笑不会在他的脸上留下永恒的痕迹，不会影响他的面貌。但当他到了感觉更灵敏的年龄时，更加强烈和持久的情感便会在他脸上留下持久的永不消逝的印痕。但也有不少人的面貌随年龄变化，通常，这些人的脾气也改变了。在根据外部征象去判断内心活动的研究范围内，对这种情形的充分研究将有助于这项研究，即根据外部征象去判断内心活动。

我不知道也不打算在此论述这个青年是否会因为他不懂模仿和假装他实际上没有的情感就不那么可爱，我相信他将来比别人更有感情。一个只爱他自己的人为了讨人喜欢能假装得与某些人一样，以爱别人而使自己得到一种新的快乐的感觉，这点我很难相信。我对这种感觉本身的阐述已很清楚，我前后的话也并不矛盾。

身心健康协调发展

我们与自然的工作是相互配合的，当它培养人的体格时，我们就致力于培养人的精神。只是我们的进度不同，当身体已经长得健壮有力时，灵魂还是处于十分稚嫩的状态。不论人有多么好的办法，体质的发育总是要先于理智的形成的。迄今为止，我们的注意力都集中在遏制后者而刺激前者，以便尽可能使这个人的发展始终是一致的。在发展他的天性的时候，我们要减缓他的感情的成长，要采取培养理性的办法去控制它。理智的对象能够削弱对感觉的对象的印象。在追溯事物原理的过程中，我们要让他摆脱感官的支配，从而易于让他研究自然进而去寻求自然的创造者。

当我们到达这种境界的时候，我们就能找到控制我们的学生的新手段，就能找到让他心悦诚服的新方法！只有在这个时候，他才能在无人的监督和法规的约束下真心实意地做好人好事，才能在上帝和他自己看来都为人公正，才能即使牺牲生命也要履行天职，才能把美德牢记于心。他这样做，不仅是为了爱秩序（每个人都总是宁可爱自己），而且是为了爱他的创造者。将这种爱与自爱相结合，就可以使他在享受了今生的幸福之后，最终能够获得良心的安宁和对至高的存在的沉思，允许他来生享受永恒的幸福。不这样去做，我认为人间将会到处都是不义、虚伪和狂妄的行为，由于竞争的结果，必然是个人的利益胜过一切，促使每一个人都为罪恶穿上美德的外衣。让其他的人为自己的幸福而牺牲他人的幸福，让一切都归于我一个人所有，如果可能的话，让整个人类都在穷困和苦难中饿死，以此避免我有片刻的痛苦和饥饿，一切怀疑上帝的人的心里所想的就是如此。是的，我这一生都要坚持这样的看法，那就是，凡是心里没有上帝而口头上却说有上帝的人，不是骗子就是疯子。

我觉得，你们和我是不会用同样的眼光去看我的爱弥儿的，你们会认为他与你们的学生是一样的，也是那样的愚蠢、轻佻和浮躁，整日吃喝玩乐、花天酒地，做任何事情都会半途而废。你们看见我要把一个正处在花团锦簇的年龄的既热情活泼又刚强倔强的青年塑造成一个耽于沉思的人，塑造成一个哲学家和神学家，就难免会讥笑我。你们也许会说："这位梦想家终日在那里胡思乱想，他要用他的方法去教育学生，他不只是在培养学生，而且是在创造学生，从他的脑子里创造一个学生出来，他总是自以为他是按照自然之法去进行教育的，其实是越教越违背自然。”但是，当我把我的学生与你们的学生进行比较的时候，我还未发现他们当中有什么共同之处。

由于我们的培养方法相差如此悬殊，所以，如果他们会在某些地方相像，那才是一个奇迹呢！由于爱弥儿的童年是在你们的学生要到青年时期才能享受的自由中度过的，因此，他们要到青年时期才开始遵守你们的学生在童年时期就已经遵守的那些规矩。这些规矩其实是束缚你们的学生的桎梏，他们是那样憎恨它们，认为它们完全是老师之所以能一贯暴戾的原因所在。他们认为，只有摆脱这种束缚以后，才能脱离儿童的境地。他们便会因此想方设法弥补他们在你们的长期管束之下所受到的损失，正如一个囚徒解脱了锁链之后，要伸一伸腰，活动一下他的四肢一样。爱弥儿与你们的学生恰好相反，他会以他自己成为一个大人和服从日益成长的理智的约束而感到荣耀。他的身体已经发育起来，不再需要过多运动，而且能够开始控制自己了。而这时，他的心灵正处在半成熟阶段，竭力要寻求迅速的发展。由此看来，你们的学生到了有理智的年龄正好大肆挥霍放荡，而爱弥儿在这个时候已经开始发挥理智的作用了。

你们一定想知道，是你们的学生还是爱弥儿在这方面更符合自然的秩序呢？那就请你们研究一下距离自然秩序较远的人和距离自然秩序较近的人究竟有何区别。你们可以观察一下农村的青年，看他们是否也像你们的青年那样性情乖张。正如勒博先生所说："我们发现野蛮人在童年时期都是相当活泼的，终日不停地做各种各样运动身体的游戏，但是，在他们刚刚长成为少年的时候，他们就会变得很安静，很爱幻想，他们甚至做游戏的时候，也尽做一些高难度的或者是带点危险性的游戏。"爱弥儿正是在农村儿童和野蛮人所享受的那种自由的环境中被抚养起来的，因此，当他们一天天长大，也就会有他们那样的变化和举止。有所不同的是，他们的活动不仅仅是为了玩或为了生活，他们在工作和玩的过程中还学会了运用思想。既然他们已经通过这条道路达到了这个阶段，他们现在就随时都可以走上我为他指定的道路。我让他们思考的那些问题之所以能够激发他们的好奇心，是因为那些问题本身就是很有趣味的，对他们来说具有一定的新鲜感，而且这也在他们的理解能力范围内。反之，你们的学生由于已经被你们强加给他们的那些枯燥的功课、絮絮叨叨的教训和无休无止的问答弄得极其厌腻和疲惫，心情也因此变得沉闷忧郁，在这种情况下，他们怎能不拒绝把他们的心思用去思考你们压在他们身上的那一堆教条，怎能不拒绝把他们的心思用去思考他们的创造者，更何况你们还把他们的创造者说成是他们的欢乐的敌人呢？他们每每想到这些，就会感到厌恶和烦恼，如此强制的做法已经使他们变得沮丧颓废。那么，让他们今后为自己安排生活的时候，他们该怎么办呢？他们需要有新鲜的事物不断激发他们的兴趣，他们不再愿意听你们用于对儿童们所讲的那种语言。对我的学生来说，也是如此，当他们成为大人的时候，我对他们说话就要像对大人说话那样，而且要讲述一些新鲜的事物，而这些新鲜事物，恰恰就是你们的学生感到厌腻的事物，他们却觉得很合自己的口味。

延缓天性的发展以裨益理性，从而就可以使他获取双倍的时间。但是，我事实上是否延缓了天性的发展呢？丝毫没有，我只不过是不想让想象力去加速它的发展罢了。我用另外一种教育去平衡年轻人在其他地方所接受的过早的教育。当我们的习俗的潮流把他冲走的时候，我便再用其他的办法把他拉向相反的方向，这样，就不仅不会使他脱离固有的位置，而且，还能使他牢牢地保持在那里。

培养青年的博爱之心

乳母和母亲倾尽了一番心力去抚育孩子，因此，她们对孩子疼爱备至。正是社会道德的实践给人们心中带来了人类的爱。人只有去做好事，才能变成好人，我对此深信不疑。你要让你的学生做他力所能及的一切良好行为，要让他把穷人的利益当作自己的利益；你要让他不仅用金钱帮助他们，还要对他们表示关心；你要让他全心全意为他们服务，要他保护他们，舍得为他们牺牲他个人的利益和时间；你要让他把自己看作他们的办事人，而且要让他终生都担负这个高尚的职务。有多少备受压迫的人无处申诉他们的冤屈，现在有他为他们伸张正义，因为他从道德的实践中养成了勇敢坚毅的品行，所以，他能够那样不屈不挠地为他们鸣不平，能够为他们闯入达官豪富的门庭，而且，如果必要，还可以径直走入王宫，为那些既穷得无依无靠，又因害怕恶人的报复而不敢诉苦的可怜人吐露他们的心声。

不过，我们是否有必要把爱弥儿培养成一个游侠，培养成一个爱打抱不平的义士呢？他是否要去干涉公众的事情，是否要以智者和法律捍卫者的姿态奔走于王公贵族的府第和衙门，是否要为别人向法官求情，为别人做律师而出现于法庭呢？所有这些我都不能确定。滑稽可笑的名称丝毫不会改变事物的任何性质，他将做一切他认为是有用的和良好的事情。他不做任何不适合于他那样年龄的人该做的事，因为他知道这样对他来说没有任何用处。他知道他首先要对自己尽责，他知道青年人不应该过分自信，他应该慎重行事，应该尊敬年长之人，应该谨慎地少说废话，应该有节制地少做无聊之事，然而，却要敢于做有意义的事情，要敢于说出真理。那些留名青史的罗马人就是这样，他们在担当重任以前的青年时期全都致力于惩罚罪恶和保卫无辜，以此在伸张公理和保护善良风俗的行为中教育自己。

爱弥儿既讨厌闹嚷，也讨厌吵架，不仅讨厌人和人吵架，甚至还讨厌动物和动物打架。他从来都不会去挑拨两条狗互相争斗，也从来不会让一条狗去追逐一只猫。这种和平的精神是他所受的教育的结果之一，因为这种教育丝毫没有使他养成自私和骄傲自大的心理，所以是不会使他产生以驾驭别人和使别人受痛苦为乐的心理的。当他看见别人痛苦，他自己也会感到痛苦，这是一种完全自然的情感。一个青年人之所以会忍心甚至乐于看到一个有感觉的生物遭受痛苦，是因为他自以为他可以凭借他的聪明才智和优越的地位而免遭那种痛苦。谁能保证不受这种想法的浸染，谁就不会遭受由这种想法产生的灾祸。所以爱弥儿是很拥护和平的。当他看到快乐的面孔，他就会感到喜悦，如果他能想方设法使别人露出笑容，他自己也就会因此而感到欢喜。我认为，他看到可怜的人是不至于仅仅对他们无动于衷地说一些同情的空话的，是不至于对他可以用怜悯之心去医治的痛苦仅仅表示一阵叹息就算了事的。他积极的善行很快就能促使他获得他怀着铁石心肠无法获得或者要很晚才能获得的许多知识。如果他看见同伴不和，他就会竭力去缓和；如果他看见人们闷闷不乐，他就会去打听他们的烦恼；如果他看见两个人彼此仇恨，他就会探究他们心怀敌意的原因；如果他看见穷人在豪强和富翁的压迫之下呻吟，他就要想方设法使自己免受折磨。他关心一切不幸之人，因而也不能不关心一切可以使他们消除痛苦的方法。那么，我们该如何做才能以适合于他那样年龄的方法使这些倾向产生良好的效果呢？我们应该利用他的热情去指导他的思想和学习，以此提高他在这方面的能力。

我要不厌其烦地反复强调这一点：要以实际行动而不要以言辞去教育青年，他们在经验中学到的那些东西是他们在书本中学不到的。你偏要在他们无话可说的时候让他们练习口才，偏要他们在没有任何事情要说服别人的时候让他们坐在教室的板凳上感受豪迈的语句的力量和巧言服人的妙处，这简直荒唐至极！在一个不懂得辞令的用处的人看来，所有一切的修辞法纯粹就是咬文嚼字的伎俩。一个小学生是否知道汉尼拔在鼓舞部下越过阿尔卑斯山时是怎样修饰其词句的，这有什么关系呢？反之，你不给他讲那些美妙的辞令，而是教他要如何去说服校长放他一天假，我保证他反而会很专心听你讲措辞的方法的。

如果让我去教一个已经有了种种欲念的青年学修辞，我将持续不断地告诉他一些可以助长他欲念的东西，然后再与他一起探讨应该采取何种说法才能说服别人去满足他的欲望。可是我的爱弥儿所处的环境，使他即使有辩才也没有用武之地，因为他所有的需要几乎都局限于身体方面，因此，他依赖别人的地方还不如别人对他依赖的地方多，同时，由于他对他们无所要求，因此，他即使想说服他们，他心里也是不至于过于冲动的。由此可见，他所说的话一般都应该是朴实无华的。他说话要普通而恰当，唯一的要求就是让别人听得懂。他几乎不说十分精辟的话，因为他还不知道如何去概括自己的思想。由于他很难产生冲动的情感，因此，他几乎不用比喻的词语。然而，这并不是因为他过于呆板，无论他的年龄、脾气或兴趣都不允许他变成这样。他既活跃又稳重的精神浸沉在青春的热情里，被他的血液所洗涤，因而为他天真的心灵带来了一股热力，不仅使他的眼睛闪烁着这股火热的光芒，而且使我们在他的言语中、行为中都能感受到这股热力。他说话时已经有了抑扬顿挫的音调，而且有时候还说得很激烈。高贵的情操激励着他的灵感，从而使他的力量充沛，品行高尚。他心里充满了对人类的爱，所以在语言中也透露着这种爱意。他那坦率的话往往要比花言巧语还有魅力，或者说得更确切一点，他才是真正的巧言善辩之人，因为他只需把他心中的感触如实地叙说出来，就可以使人体会到他的感情。

我越来越认为，只要把仁爱之心如此这般地付诸实践，只要从我们所做的事情中去寻找它的原因，就不会有任何有用的知识是不能被灌输到青年人心中的，而且，除了让他在学校中获得各种真正的知识，还可以让他获得一门更重要的学问，那就是把他所学到的知识应用于自己的生活。他对自己的同伴是那样关心，因此，他很快就能学会如何衡量和辨别他们的行为、爱好及兴趣，而且，要比那些对谁都漠不关心，对别人丝毫不做任何事情的人更能正确地评价哪些事情对人的幸福是有益或有害的。只知道为自己的事情打算的人，往往是很容易动感情的，所以不能理智地判断事物。这种人只知道凡事都为自己打算，完全按照自己的善恶观采取行动，因此，在他们的心中充满了许多可笑的偏见，只要稍稍碰触到他们的一点儿利益，他们马上就会觉得天都塌下来了。

如果将虚荣之心扩大到爱别人，如此一来，就可以将它变为美德，这种美德根植于每一个人的心中。我们所关心的对象与我们越是没有直接的关系，则我们越不必担心受个人利益的迷惑，我们越是把自己的利益推及别人，它就越加公正，所谓人类之爱，在我们看来不过就是正义之爱。因此，要让爱弥儿热爱真理，认识真理，我们就必须让他抛开自己的个人利益去考虑问题。他越是关心别人的幸福，他的心胸就越是开阔和豁达，也就越不会无法区分善恶。不过，我们绝不能对他仅是出于一己之虑或不正义的成见而产生的盲目的偏爱表示宽容。他为什么要为了服务一个人而伤害另一个人呢？只要他提升了所有人的最大幸福，让每一个人都从中得到更多的好处，对他来说又有什么关系呢？智慧之人首先关心的是集体的利益，然后才是个人的利益，因为每一种利益都属于整个人类，而不属于其中的某一个人。

为了有效防止同情心蜕化成懦弱，就必须使之普遍化并扩展到整个人类。这样，我们才能在对人表示同情的时候，首先同情正义，因为在所有美德中，正义是最有助于人类的共同福利的。为了理性和自爱，同情人类更甚于同情我们的邻居；而同情坏人，则是对其他人的伤害。

此外，还须记住的是，我们之所以能够采用这些方法，使我们的学生能够这样忘掉他自己，正是因为这些方法同他有直接的关系，这不仅给他带来内心的享受，而且我在使他施惠别人的时候，也教育了他自己。

漫步遐想录

幸福的境界

我从风风雨雨的人生中认识到，甜美浪漫的时光并非回忆中最吸引我的时光。这种浪漫的瞬间，无论怎样激烈都仅是人生中松散的事情。这些瞬间少见又短暂，从而难以达到某种高度。我想念的美好并非短暂的瞬间，而是自身虽不激烈，但却简单持久的境界，它们能随着吸引力的增加而达到一定高度。

世间的一切都不断变化着，没有什么能一成不变，人们的感觉同外界事物关联，自然也随之变动。人们的感受要么先于人们，要么落后，它或是回首已逝的曾经，或是企盼不曾发生的未来。在感受中，没有我们的心能托付的稳定的事物，所以世间仅有易逝的美丽。我怀疑持久的美好是否真的存在过。在人们十分刺激的快乐中，我们的心很少能真正表达："我愿这永存。"我们不安、空虚、患得患失的心情如何被称作美好？

……

若有这样的心境——心不需要顾及什么，便能得到它能依托、能聚集其所有能量的坚实根基；时间于它而言不再有用，现在能永存下去，没有绵延又不留替换的印记；心中没有匮乏和享乐的感觉，不苦不乐，无求无惧，仅能感知自身的存在，就因这个感觉便能充实我们的心：如果这种心境存续下去，拥有这种心境的人便是幸福之人，而且这并不是人们自生活情趣中提取的残缺、可怜、相对的美好，而是内心充盈、圆满的美好。这即是我在圣皮埃尔岛上，或躺在顺水而行的船上，或坐在波涛汹涌的比埃纳湖畔，或站在流水湍湍的溪边一个人思考时的心境。

在这种情况下，我们从何获得快乐呢？不是从外界事物获得，那只能从我们自身的存在获得。一旦这种心境持续下去，我们便同上帝一样自足。驱除所有别的感受、自身存在的知觉，其本身即为一种非常可贵的满足和安宁。一个人一旦有了这种知觉，还能摆脱不停骚扰和扰乱我们恬静的世俗肉欲的话，就能觉察出生活的美好。但很多人被持续的热情困扰，极少能达到这种心境，又因为只在稀有的片段间不完整地感受这种心境，所以对它仅剩下一种模糊的含义，很难领略其魅力。当今世界，对社会生活需要的逐渐增长要求人们承担起社会责任，若都追求那种心境，因而厌烦社会生活，这并非好事。但一个被排除在人类社会外的可怜人，在世间已不会再对别人或自己做好事，就只能在这种心境中寻得补偿，这不是命运或别人能夺走的。

这种补偿的确不是所有人在任何情况下都能感知的。想达到这点，心要静，没有热情来打乱其安宁。须让感知者的心情同四周事物互相依托，既非绝对平静，亦非过分兴奋，而是均衡、温和、不冲动、不中断的活动。不活动，生命便麻木。活动若不均衡或过度激烈，就会让我们狂热。若它令我们注意到周围的事物就会影响思考的意义，扰乱内心的审查，让我们重新回到命运与外人的控制中，而顾念自己的苦楚。完全的安静会引起悲伤，从而显示死亡的印象。所以应求助快乐的想象力，而天生具备这种想象力的人，会自然地将它显示在脑中，这不是源于外部的活动，而是生于自己的心灵。所以当甜美的想法经过内心表面而非深处时，尽管心境不完全宁静，但却十分可喜。若有很多这种想法，我们便能忘却一切痛苦而仅记得自己。若我们能安静，这种想象不管在哪里都能展开。我经常想，即便是在巴士底狱，我也能开心地如此想象。

善行的观点

率性而为不算高尚，生性所致的乐善好施的兴趣也不算高尚。高尚是当义务需要时能压制自己的天性而执行义务需要的活动——这是我不及上层社会人之处。我天生特别敏感、和善、同情心极强，内心因所有宽容的行为而兴奋，当别人触动我的心时，我便乐善好施：若我很有势力，便是最慈爱的人；若我自觉有能力报复，心里报复的想法也会都消失。我能毫不犹豫地放弃自身的得失维持正义，但若要放弃我爱的人的利益时，我便难下决定了。当我的责任与情感相抵触时，情感总是胜利者，但我不行动便可尽责时例外。我常能做到这点，而让我违背天性行为却很难。无论是别人、责任，就算是必然性控制我行动，只要我的情感不变，我就不会下决定或是听从命令。我能看到大祸降至自己身上，而不想防御，甘愿见证它的降临。有时我最初时也很兴奋，但兴奋劲儿会骤然松弛，常是雷声大雨点小。无论我想到要做什么事情，只要这件事情我不喜欢做，我就会立刻去做其他的打算。

不只这样，即使事情符合我的想法，但它只要稍有强制意味，我也会立刻放弃，并开始讨厌它；若这种强制稍强些，我甚至会反感。于是，别人让我做的善事，我排斥，没让我做的我反而主动进行。我喜欢的是单纯没有利益驱动的善事。但是，当受益人以此为由，命令我继续行善，否则他将怨恨我时，当他强迫我永为他的恩人时，我虽在最初时乐于这样，但这种兴趣会很快消失，而变成烦扰之心。若我委屈执行，是因为软弱或不好意思（这时已不存在真心），我的内心不仅不会称赞自己，反而会谴责这种违心的善行。

我明白，施惠者同受益者间有一种约定，甚至是最神圣的约定。施惠者同受益者组成一种比通常而言的社会小一些的社会，受益者应默默流露感谢之情，施惠者仅要受益者对得起他就该持续施善，有所求有所应。这些条约是不成文的规定。若谁回绝别人第一次的求助，求助者无理由埋怨；但若首次施恩而后回绝，求助者就会因为希望破灭而抱怨，而这希望即为施惠者令其产生的。人们通常认为这种回绝并不公平，比回绝第一次求助更难以让人接受。但这种回绝亦是发自内心、不想轻而易举改变的自主的表现。还债是义务，而施惠就是兴趣了。只有那些常依道德行事的人，才能将尽义务视为乐趣；而行事全依天性的人则难以达到这种高度。

活到老，学到老

“我活到老学到老。”

梭伦是公元前6世纪雅典执政官，领导了“梭伦变法”。这行诗来自普鲁塔克的《梭伦传》，是梭伦晚年时常朗诵的诗。在一定程度上，我晚年时也能这样说。但20年来的经历告诉我：无知胜于博学。无知是个好老师，但他要的学费很高，学生自他得到的常不及缴纳的学费。另外，我们还未从它那里学到所有知识，就丧失掉运用知识的时机了。青年时期是学知识的时候，年老是实践的时候。经验能指导我们，但它仅在我们尚有余日时才有用。在临终时才学如何生活，还赶得及吗？

……

既然短暂的人生是接连不断的考验，那么仅需这些考验就能达到我们所期望的效果，至于它们的属性也就无甚要紧，且考验愈大、愈严重、愈频繁，知道怎样承受它们便愈有益。如果一个人能从所有惨烈的痛苦中获得巨大而又可靠的补偿，那么痛苦在他面前便失去力量。而我从思考中获得的重要果实，即为能获得这种补偿的信念。

不错，在接连而来的伤害和欺辱中，不安与困惑常让我的希望动摇，扰乱我的宁静。我还未理清的某些矛盾心理，这时就更激烈地呈现在我脑中，就在我即将因命运压力而萎靡时，它又带给我深深的撞击。我心如刀绞时便扪心自问：我命运不顺，理性给我仅提供些幻想作为慰藉，而且它又破坏自己的功绩，将我曾在困境中获得的愿望和自信的支撑掠走，谁能让我摆脱这种绝望呢？说实话，这世间仅能哄骗我的冥想又算什么支撑？现今整代人都误解我的看法，认为我的思想体系与真理和证据对立，他们甚至怀疑我接受自己思想的诚意。我全身心信仰的思想系统还有些难以克服的难处，我虽不能解决，但我的意志坚定。如此说，我是人类唯一的圣贤吗？仅凭事实合我心意我就能相信事物本就如此吗？有些现象，别人并不认同，若我的感情不支持我的理性，我也就认为那是虚妄。但我对这些现象很有信心，这就能说是明智吗？接受反对者的原则，与他们进行公平的战斗，难道不会比死守自己的幻想、听候处置更好一些吗？我妄言自信，却被虚妄欺骗，成了它的牺牲品和殉葬者。

……

在疑虑和犹豫时，我曾多次陷入绝望。若再这样继续一个月，我的一生就完了，我便也不复存在了。这种危难曾反复出现，而也总不会太久。现虽未彻底挣脱，却也少见，这么短，还不足以打扰我的宁静。现在仅有细微的忐忑，这不会过多影响我的心境，正如掉到河面的羽毛不能改变水流的方向那样。我认为，若把已经确定的论点再次思考，就会获得新的启示，我要么得到更严密的推论，要么获得更大的对真理的热情。但我不会也不可能产生这些状况，所以，没有任何原因能够说服我接受那些当我在陷进绝境时徒增的困苦，而放弃那些在我精力充盈、思想成熟、除去认识真理没有其他想念的安逸生活时，经过严格核查而接受的看法。

现在，我心痛欲绝，深受折磨而颓废，想象力与思路被迷惑扰乱，各种智力也因年岁增长和焦急而缺乏活力。我现在面临抉择：甘心地将长期积累的精神能量解散，去相信那些逐渐衰退的理性——它们仅能让我遭受不公的痛苦，而放弃那些富有活力的理性——它们足以让我从不该受的困苦中获得赔偿。不，同我当时在这些重要问题上的决策比较，现在的我不仅不明智，而且学识也不会更丰硕，信念也没有得到增强。在那时，我对这些会让我感到困难的事有充分的认识，但我并没有因此停下脚步。现在未预料的困难只是形而上学的诡辩罢了，它不可能动摇被历代圣贤接受、被各民族承认、镌刻于人心的永久的真理。

考虑这些问题时我明白，感官约束人的悟性，因此无法掌握所有永恒的真理。所以，我决定仅止于我所了解的领域而不予以超越。这符合情理，因为我那时就完全遵循并始终坚持。现在有如此多有力的缘由要我坚持，为何要舍弃？坚持下去有何风险？放弃又有何益处？若我接受对立的观点，我是否还应接受他们的伦理呢？他们有两种伦理，一种仅是在书本、舞台上的耀眼的情节，并未带给人们任何思想性内容；另一种隐秘又残酷，是其全部知情人的内部理论。它被前者作为遮盖，同时也是他们活动时唯一服从并精巧运用它来反对我的伦理。这种伦理只用于攻击型侵犯，并不作为防御。他们令我陷入如此境地，对我有何作用？仅有我的清白无辜支撑我渡过难关，若我放弃这仅有的强大的精神能量，而代之以邪恶，我将会很不幸。我能超越他们害人的本领吗？就算成功，我带给他们的痛苦能降低自己的什么痛苦呢？我会丧失自尊而无所得。

……

于是，思考过后，我终不被这些难分是非的看法、难以解决的冲突、非我个人甚至人类思想能克服的困难来扰乱我的准则。我的学说在我所能提供的最坚实的基石上建立，它已彻底安于享受我善心的守护，没有什么再能扰乱它。精神不振时，我曾忘记我的信仰和原则的推理过程，但我不会忘记我良知和理性赞同的结果。让那些哲学家来挑毛病吧，他们只是白费自己的时间和力气。在我生命剩下的时间里，在任何问题上我都会坚持当我能正确选择时所选定的观点。

我心情平静，在自省中找出在境遇中所需要的愿望和安慰。如此彻底、恒久、凄惨的孤独，整代人对我逐渐明显和强烈的敌对，他们对我的卑劣的行为，都令我时感悲伤。希望被动摇，疑虑让我气馁，这都在打扰我，令我忧愁。这时，我无法让自己静下心，须回首过往的决定，做决定时下的功夫、专注、真诚就浮现眼前，让我信心百倍。这时，我便放弃所有新念头，将它们称作虚有表象，打扰我安静的错误。

如此安于原有知识的狭小领域，我没有梭伦活到老学到老的福气，甚至还须防范那种可怕的虚荣心，学习已学不好的内容，但我还有可能从有用的知识中获得成就，因为从我的境遇，从必备的德行方面我还能学习很多紧要的东西。正是这些方面，我该以新的成就充盈我的心灵，等到它摆脱了阻挡其视线的空壳，看见显而易见的真理，揭示出伪学者自以为是的知识的虚伪时，我便带着这一成就离开。那时候，我的灵魂会哀叹这一生因企图获得那些知识而虚过的日子。但耐心、温暖、认命、正直、公正，全是我不怕被夺的财产，它能永久填充自己而不畏惧因死亡损失其价值。这即是我晚年做的仅有益处的学习。若经过我自己得到的进步，学会了如何在结束生命时虽不如投入时更好些——这不可能——但若更有道德的话，就深感庆幸了。